Johannes Haussleiter

Der Aufbau der altchristlichen Literatur

Johannes Haussleiter

Der Aufbau der altchristlichen Literatur

ISBN/EAN: 9783743600348

Hergestellt in Europa, USA, Kanada, Australien, Japan

Cover: Foto ©ninafisch / pixelio.de

Weitere Bücher finden Sie auf **www.hansebooks.com**

Bardenhewer, O., Patrologie. Freiburg i. B. 1894, Herder. X und 635 S. groß 8°. Preis 8 Mark.

Krüger, G., Geschichte der altchristlichen Literatur in den ersten drei Jahrhunderten. Freiburg i. B. und Leipzig 1895, J. C. B. Mohr. XXII und 255 S. 8°. Preis 4,80 Mark.

Von dem bedeutenden Aufschwung, welchen die patristischen Studien in den letzten Jahrzehnten genommen haben, legen außer den beiden großen im Erscheinen begriffenen Sammlungen der lateinischen und der vornicänischen griechischen Kirchenväter und den zahlreichen Einzeluntersuchungen, welche im Dienste dieser Editionen stehen, vor allem die zusammenfassenden Darstellungen Zeugnis ab, welche den herkömmlichen Stoff der Patrologie mit den Ergebnissen der neueren Forschungen zu bereichern und in geistiger Durchdringung der gewaltigen Stoffmassen dem noch unerreichten Ziel einer wirklichen Geschichte der altchristlichen Literatur sich zu nähern bestrebt sind. Von diesen Versuchen liegen die zwei obengenannten Werke zur Besprechung vor. Wenn der Unterzeichnete die Besprechung zu einer Zeit unternimmt, in der das Urteil über die beiden Werke schon feststeht, kann er sich der Aufgabe für überhoben erachten, die Leser erst mit dem Inhalt der zu besprechenden Werke bekannt zu machen, wie andererseits der Versuch, durch Nachträge sie bis zum heutigen Stand der Forschung zu ergänzen, nicht hieher gehört[1]). Aber vielleicht ist die Mitarbeit, zu der man sich bei der Beschäftigung mit so tüchtigen Leistungen angeregt fühlt, hier nach einer anderen, schon angedeuteten Beziehung von Nutzen. Welche Bedingungen hat eine Geschichte der altchristlichen Literatur zu er-

[1] Soeben sind »Nachträge zur Geschichte der altchristlichen Literatur von D. Gustav Krüger« (Freiburg i. B. und Leipzig 1897, 32 S., 8°) erschienen, in welchen der Verfasser selbst zuerst Druckfehler und Versehen seines Buches verbessert (S. 4—6) und dann in Zusätzen (S. 7—32) seine Arbeit durch Literaturangaben und kurze Zusammenfassung der in den beiden letzten Jahren gewonnenen Forschungsergebnisse trefflich bis zur Gegenwart ergänzt. Von dem Buche ist in New-York eine englische Uebersetzung erschienen (von ChRGillet, New-York, The Macmillan Company, 1897).

füllen? Wie entsteht der richtigste, dem eigentümlichen Stoff am
besten entsprechende Aufbau dieser Geschichte? Die Vergleichung
der so verschiedenartigen Disposition der beiden Werke führt mit
Notwendigkeit zur Erörterung dieser wichtigen Fragen. Sie sollen
uns zuerst beschäftigen, und hernach möge es gestattet sein, an ein
paar einzelnen Punkten (in Bezug auf Cyprian, Victorinus von Pettau
und Augustin) in die Forschung selbst mit einzutreten.

Ein kurzes Wort der Orientierung stehe voran. Bardenhewer,
ein Patrologe, bei dem sich warme Begeisterung für die altkirchliche
Literatur mit der richtigen Erkenntnis verbindet, daß das hauptsäch-
liche Strebeziel der Patrologie in der Folge ›eine geschichtswissen-
schaftliche Erfassung und Durchdringung ihres Gegenstandes‹ (S. 13)
sein müsse, führt die Geschichte der kirchlichen Literatur durch drei
Zeiträume bis zum Ende der patristischen Zeit, d. h. nach seiner
Erklärung bis Johannes von Damaskus († um 754) und Isidor von
Sevilla († 636). Er behandelt außer dem Leben und den Schriften
der Kirchenväter auch ihre Lehre in gedrängter Darstellung. Be-
sonderes Gewicht ist auf Anführung der wichtigsten Literatur gelegt,
damit zu weiterem Eindringen in Einzelfragen Anregung und Anleitung
geboten sei. Hier ist unter C. Weymans sachkundiger Mitwirkung
Vortreffliches geleistet. Krüger, schon durch die Natur des Leit-
fadens zu größerer Zurückhaltung aufgefordert, hält sich innerhalb
des ersten der drei Zeiträume, der die ersten drei Jahrhunderte um-
faßt; sein Augenmerk bleibt vor allem darauf gerichtet, die grund-
sätzlichen Fragen über die Aufgaben einer Geschichte der altchristlichen Literatur zu fördern und den literarischen Gesichtspunkt durchaus in den Vordergrund treten zu lassen. Wir treten den Problemen
näher, die in dieser Beziehung zu lösen sind.

Ein Blick auf die verschiedene Einteilung ist lehrreich. Bardenhewer teilt den ersten Zeitraum, der bei einer Vergleichung mit
Krüger allein in Betracht kommt, in zwei Teile. Der erste Teil um-
faßt von § 4 bis § 33 die griechischen Schriftsteller der ersten
drei Jahrhunderte und reiht aneinander pseudo-apostolische Schriften
(Didache, Apostolische Kirchenordnung u. s. w.), die apostolischen
Väter, den sogen. Barnabasbrief, Clemens von Rom, den ›Hirten‹
des Hermas, Ignatius von Antiochien, Polykarpus von Smyrna, Papias
von Hierapolis u. s. w.; er schließt mit Methodius von Olympus und
›anderen Schriftstellern des 3. Jahrh.‹. Der zweite Teil (§§ 34—41)
behandelt die lateinischen Schriftsteller von Minucius Felix bis
Lactantius. Jeder Kirchenvater in dieser zwiefachen Reihe hat seinen Paragraphen. Krüger zerlegt denselben Stoff in drei Abteilungen:
die urchristliche, die gnostische, die kirchliche Literatur. Die Ka-

piteleinteilung der ersten Abteilung, die uns zunächst interessiert,
ist von den literarischen Formen hergenommen; es werden nach einander behandelt die Briefe, die Apokalypsen, die Geschichtsbücher,
die Lehrschriften. Unter den Briefen treten die paulinischen an die
Spitze. Es schließen sich an die katholischen Briefe, der Barnabasbrief, der erste Clemensbrief u. s. w. Der Hirte des Hermas findet
unter den Apokalypsen seinen Platz; die apokryphen Evangelien unter den Geschichtsbüchern; das römische Symbol und die Apostellehre unter den Lehrschriften. Ueberall erscheinen die neutestamentlichen Schriften, die an der Spitze stehen, als formgebend für eine
sich anschließende Literatur. Bardenhewer schweigt nicht nur von
den biblischen Büchern, sondern auch von den Apokryphen; er überläßt diese Schriften der biblischen Einleitungswissenschaft (Seite 6).
Wer hat Recht? Wessen Einteilung verdient wissenschaftlich den
Vorzug? In wiefern zeigt schon die Einteilung eine verschiedene
Auffassung der Aufgabe?

Im 186. und 187. Stück der Gött. gel. Anzeigen vom 25. Nov.
1841 schrieb Gottfried Christian Friedrich Lücke in einer Anzeige
der Patrologie Möhlers Sätze, auf die sich B. berufen könnte. Es
heißt darin (S. 1857): »Wie die Geschichte der Kirche an der Stiftungsperiode des Christentums nicht ihre erste Periode, sondern
ihre absolute Epoche hat, so beginnt auch die Geschichte der theologischen Literatur (und die Patristik ist der älteste Teil dieser Geschichte) nicht mit der canonischen des N. T., sondern eben mit der,
welche wir die patristische nennen. Diese ist die Gründungsperiode der christlichen Theologie auf dem Grunde der neutestamentlichen Literatur, und so ist die Patristik nichts anderes als die Geschichte der Theologie in ihrer ersten Periode, welche mit der ersten Periode der Kirchengeschichte zusammenfällt. Dies ist ihr wahrer wissenschaftlicher Begriff und ihre Aufgabe, der Theologie in jedem späteren Stadium der Entwicklung das historische Bewußtsein
ihrer Anfänge in der Kirche während der Untergangsperiode der
alten classischen Welt wissenschaftlich klar und gegenwärtig zu machen und zu erhalten. Durch diesen Begriff ist die zwiefache Zeitgrenze der patristischen Literatur bestimmt. Ihr Anfangspunkt ist
der Endpunkt der apostolisch-kanonischen Literatur, ihr Endpunkt
der Anfangspunkt des Mittelalters der Kirche«.

In diesen Ausführungen ist die Trennung und Scheidung der
fundamentalen neutestamentlichen Schriften von der abgeleiteten und
späteren theologischen Literatur im allgemeinen richtig; aber falsch
ist die Vorstellung, als ob der Endpunkt der apostolisch-kanonischen
Literatur sofort der Anfangspunkt der theologischen oder patristi-

schen wäre. Man prüfe das älteste nachapostolische Schriftstück,
den von Clemens verfaßten Brief der römischen Gemeinde an die
korinthische. Das ist nichts weniger als ein theologisches Literatur-
werk, sondern ein echter, auf einen gegebenen Anlaß hin geschrie-
bener Brief — ein Brief, der dazu bestimmt war, ebenso in der ko-
rinthischen Gemeindeversammlung vorgelesen zu werden, wie man
Paulusbriefe vorlas, von denen wohl damals schon eine Sammlung
umlief; ein Brief, dessen Verfasser den Vorrang des apostolischen
Charisma eines Paulus anerkennt, der aber für die im Brief aus-
gesprochenen Mahnungen Gehorsam verlangt, weil sie auch durch
den heiligen Geist geschrieben seien (c. 63, 2 — vgl. die alte lateinische Uebersetzung, herausgg. von Morin). Hier fängt noch nicht
die Theologie an; hier setzt sich, wenn auch epigonenhaft, das urchristliche Schrifttum fort. Der Clemensbrief gehört nicht zur patristischen, sondern zur urchristlichen Literatur.

Es ist ein Verdienst von Franz Overbeck, in seiner Abhandlung
›über die Anfänge der patristischen Literatur‹ (Sybels histor. Zeitschrift Bd. 48 S. 417—472), welche auf Krügers Stoffeinteilung be-
stimmenden Einfluß geübt hat, den Begriff der christlichen Urliteratur im Unterschied von der patristischen scharf bestimmt zu haben.
Er rechnet zu ersterer einerseits die tonangebenden Schriften des
N. T., andererseits die sogen. apostolischen Väter und (mit fragliche-
rem Recht) die Werke des Hegesipp und Papias, und kennzeichnet
sie als eine Literatur, die sich das Christentum sozusagen aus eigenen Mitteln geschaffen habe, sofern sie ausschließlich auf dem Boden und den eigenen inneren Interessen der christlichen Gemeinde
noch vor ihrer Vermischung mit der sie umgebenden Welt gewach-
sen sei (S. 443). Man kann hinzufügen, daß dem Ursprung der
Zweck entspricht. Es ist ein charakteristisches Merkmal der urchristlichen Schriften, daß sie nicht dem Wissen oder der Spekula-
tion, sondern direkt der Förderung des christlichen Glaubens und
Lebens dienen wollen. Dieser Zweck wurde geschichtlich erreicht
durch die kirchliche Anagnose. Alle urchristlichen Schriften, von
denen wir Kunde haben, haben längere oder kürzere Zeit, in weiteren oder engeren Kreisen irgend welche Beziehung zur Anagnose
oder zum Gebrauch im Gemeindegottesdienst gehabt. Insofern ist
das urchristliche Schrifttum kein rein zeitlicher, sondern zugleich
ein qualitativer Begriff. Wie es gekommen ist, daß außer den beiden alten Sammlungen der Paulusbriefe und des vierfältigen Evangeliums nur noch eine verhältnismäßig beschränkte Gruppe von weiteren Schriften sich dauernd und allgemein im kirchlichen Gebrauch
erhalten hat, das darzulegen ist Aufgabe der Kanonsgeschichte. Das

schließliche Ergebnis ändert nichts an dem gemeinsamen Merkmal
der urchristlichen Schriften, daß sie einen Zweck verfolgten, der sie
in enge Berührung mit den kirchlichen Vorleseschriften brachte —
eine Berührung, welche eine ganze Reihe auf die Dauer nicht aus-
hielt. Erkennt man dieses Merkmal an, so scheiden die von Overbeck zur christlichen Urliteratur gerechneten Werke des Hegesipp
und Papias aus dieser aus. Auch Krüger zählt die >Denkwürdig-
keiten< des Hegesipp zur kirchlichen, genauer antihäretischen Literatur (§ 51), während er das Werk des Papias den Evangelien zu-
zählt (§ 13).

Im Unterschied von Bardenhewer, der von Overbeck unbeein-
flußt bleibt, folgt Krüger dessen Ausführungen und stellt mit Recht die
urchristliche Literatur an die Spitze, die er von der patristischen
unterscheidet. Die kurzen Paragraphen über die neutestamentlichen
Bücher entlehnt er der Einleitungswissenschaft; sie müssen dort begründet und dort gegebenen Falls (z. B. die Anfechtung der Echtheit
des Johannes-Evangeliums) bestritten werden. Im ersten Kapitel behandelt er, wie gesagt, die Briefe. Sie zerfallen in zwei Klassen, in
Briefe mit bestimmter Adresse und in Episteln mit allgemeiner Anrede,
bei denen von vornherein zu Tage tritt, daß sie für weitere Kreise der
Christenheit geschrieben sind. Vergegenwärtigt man sich diesen Unterschied, so wird man (anders als Krüger) im Gefolge der Paulusbriefe sofort den Clemens-, Polykarpus- und die Ignatiusbriefe auf-
zählen und andererseits den Barnabasbrief mit seiner Anrede: Χαί-
ρετε, υἱοὶ καὶ θυγατέρες in das Gefolge der katholischen Briefe stellen.
Anderes schließt sich an. Wenn die Gemeinde Gottes zu Smyrna der
Gemeinde zu Philomelium den Märtyrertod des Polykarpus berichtet,
so giebt schon der Zusatz der Adresse καὶ πάσαις ταῖς κατὰ πάντα
τόπον τῆς ἁγίας καὶ καθολικῆς ἐκκλησίας παροικίαις Kunde von der
allgemeinen Bestimmung des Briefes. Ebenso trägt noch urchrist-
liches Gepräge das Schreiben der Gemeinden zu Vienna und Lugdu-
num in Gallien >an die Brüder in Asien und Phrygien, die mit uns
einerlei Glauben und Hoffnung der Erlösung haben<. Der eigen-
tümliche Charakter dieser Sendschreiben ist verwischt, wenn sie von
Krüger im letzten Abschnitt seines Buches unter dem Titel >Die
Martyrien< untergebracht sind. Es verhält sich mit ihnen auch anders, als mit den aus der hirtenamtlichen Thätigkeit der Bischöfe
hervorgegangenen Schreiben, >die wie ein Nachklang der apostolischen und nachapostolischen Briefliteratur und zugleich vorbedeutend
für die Zukunft erscheinen< (S. 61). Gewiß, diese gehören der patristischen Literatur an, jene Schreiben dagegen noch der urchristlichen. Bardenhewer redet von dem Martyrium S. Polycarpi in dem

von Polykarpus handelnden Paragraphen (§ 11, 4), während die Epi-
stola ecclesiarum Viennensis et Lugdunensis (Eusebius hist. eccl. V
c. 1—3) keine besondere Erwähnung findet.

Im zweiten Kapitel stellt Krüger die Apokalypsen zusammen,
zu denen er, ausgehend von der Johannes - Apokalypse, die Apokalypse des Petrus und den nicht einheitlichen und darum schwer un-
terzubringenden ›Hirten‹ des Hermas rechnet. Die Bemerkung, daß
die an sich nicht verächtliche Tradition von dem Apostel Johannes
als Verfasser der Apokalypse auf Verwechslung von Apostel und
Presbyter beruhen könne (S. 23), wird hinfällig, wenn ich mit meiner von philologischen Kritikern, die in textkritischen Fragen doch vor
allem gehört werden müssen, gebilligten Deutung der Papiasstelle
bei Eusebius hist. eccl. III 39, 4 Recht behalte; der dort erwähnte
πρεσβύτερος Ἰωάννης ist der Apostel Johannes (vgl. Luthardts Theol.
Literaturblatt 1896 Nr. 39). Wie die Johannes - Apokalypse voraus-
setzt, daß das in ihr enthaltene Wort der Weissagung vorgelesen
und von den Gemeinden gehört wird (Kap. 1, 3), so trägt der Verfasser des ›Hirten‹ dafür Sorge, daß sein prophetischer, von Visionen unterstützter Mahnruf zur Buße εἰς τὰς ἔξω πόλεις dringt (Vis.
II 4, 3). An der Grenze steht die sog. Petrus-Apokalypse, von der
ein großes Bruchstück in einem Grabe zu Akhmim aufgefunden worden ist; eben dies Bruchstück zeigt den starken Einschlag fremdartiger, griechisch-orphischer Vorstellungen in diese apokalyptische
Schrift, die niemals im Abendland, sondern nur in einigen kirchlichen Kreisen des Orients eine Zeit lang als heilige Schrift gegol-
ten hat.

Den Höhepunkt von literargeschichtlichem Standpunkt aus erreicht das dritte, die Evangelien behandelnde Kapitel. ›Die Form
des Evangeliums ist die einzige originelle Form, mit welcher das
Christentum die Literatur bereichert hat‹ (Overbeck S. 443). Darum
dürfen aber auch die Evangelien nicht, wie Krüger thut, um der
hinzutretenden Apostelgeschichte willen unter den mißverständlichen
Titel ›Geschichtsbücher‹ zusammengefaßt werden. Der Titel erweckt
eine schiefe Vorstellung. Das Originelle der Evangelien besteht
darin, daß die Geschichtserzählung im Dienste der Glaubensstärkung
steht; was der vierte Evangelist als Zweck seiner Schrift angibt:
ἵνα πιστεύητε ὅτι Ἰησοῦς ἐστιν ὁ Χριστὸς ὁ υἱὸς τοῦ ϑεοῦ (Kap. 20,
31), das ist der gemeinsame Zweck der Evangelien. Auch Lukas
schreibt sein zweiteiliges Werk als christlicher, darum im Urteil
der Urgemeinde charismatisch begabter Lehrer zu religiösem Zweck,
zur Vervollständigung und sicheren Begründung des Katechumenen-
unterrichts; das ἔδοξεν ἐμοί (Luk. 1, 3) schließt das ἔδοξε τῷ πνεύ-

ματι τῷ ἁγίῳ nicht aus, sondern ein, wie man deutlich durch Vergleichung von Apostelgeschichte 15, 25 und 28 ersehen kann. Das Stichwort des Lukas ist das εὐαγγελίζεσθαι (8mal im Evangelium, 15mal in der Apostelgeschichte — niemals in diesem Sinn in den andern Evangelien); der Siegesgang der Evangeliumsverkündigung von Jerusalem nach Rom ist das spezielle Thema der Apostelgeschichte. An das vierfältige Evangelium reiht Krüger sofort die ›Ausläufer‹ an: das Hebräer-, Petrusevangelium u. s. w. Zuvor sollte das Diatessaron Tatians erwähnt sein, das erst bei der Darstellung der apologetischen Literatur (§ 37, 4) genannt wird — eine aus den Berichten der vier Evangelisten zusammengestellte Evangelienharmonie, welche in der syrischen Kirche, insbesondere in Edessa, zwei Jahrhunderte lang sich im kirchlichen Gebrauch erhalten hat. Im Grenzgebiet bewegen sich die apokryphen Evangelien, bei denen Krüger dem Zweifel Ausdruck gibt, ob sie zur urchristlichen Literatur gerechnet werden dürfen (S. 32). Man wird Evangelien wie das Hebräer- und Petrusevangelium, die in Konkurrenz mit dem vierfältigen Evangelium traten, und romanhafte Dichtungen wie das die Kindheit Jesu behandelnde Thomasevangelium unterscheiden müssen; letztere gehören nicht hieher. Warum Krüger zur gnostischen Romanliteratur nur Apostelgeschichten rechnet (§ 30), ist nicht ersichtlich.

Das Schlußkapitel der urchristlichen Literatur trägt mit der Ueberschrift ›Lehrschriften‹ einen Titel, der keinen ausschließenden Gegensatz zu ›Briefe‹ oder ›Evangelien‹ bezeichnet. Man muß den Titel durch einen Zusatz einschränken, etwa ›Lehrschriften für besondere Zwecke‹, wie denn die ›Didache‹ zum Teil für den Katechumenenunterricht bestimmt war, das altrömische Symbol als Taufbekenntnis diente, die Schrift Πέτρου κήρυγμα eine dem Petrus in den Mund gelegte, an Heiden gerichtete Missionspredigt war. Diese Schriften waren für einen engeren Kreis bestimmt, als der ist, den die in den drei ersten Kapiteln aufgezählten Hauptschriften im Gebrauch der Urgemeinde gefunden haben. Sie bilden den Uebergang zur theologischen Literatur.

Schon bei den Apokalypsen und Evangelien sind wir auf ›Ausläufer‹ gestoßen, die an die Grenze der urchristlichen Literatur und darüber hinaus führen. Hier erhebt sich eine neue Prinzipienfrage. Gehören gnostische oder, allgemeiner ausgedrückt, häretische Schriften in den Bereich der christlichen Literatur? Zu den ›Vätern‹ in engerem oder weiterem Sinn gehören die Verfasser solcher Schriften nicht; das Wort *Patres* ist kein historischer, sondern ein dogmatisch-kirchlicher Begriff. Wer eine Patrologie in strengem Sinne schreibt, braucht folgerichtig häretische Schriften nur soweit zu berücksichtigen, als sie zum

Gegenstand kirchlicher Bekämpfung geworden sind. In der That erwähnt Bardenbewer den Gnosticismus und Montanismus nur in einem Paragraphen, der von den Bekämpfern der Häresie handelt (§ 22; vgl. S. 6). Wie aber, wenn ein Kirchenschriftsteller selber wie Tertullian Häretiker wird? Seine montanistischen Schriften werden doch auch, wenngleich unter Protest gegen ihren Inhalt, aufgezählt und besprochen (§ 36). Dieses mit leiser Inkonsequenz behaftete Verfahren wiederholt sich bei den Semipelagianern und sonst. Der Patrologe beurteilt die Schriften der Vorzeit nach einem feststehenden kirchlichen Maßstab und erhebt im gegebenen Fall die Forderung, daß ein Schriftsteller anders hätte schreiben sollen, als er schrieb. Der Historiker folgt der thatsächlichen Bewegung der Literatur und sucht ihre Strömungen zu begreifen und zu erklären. Muß bei diesem Bestreben auf alles theologische Urteil verzichtet werden? Krüger will es thun; er behauptet, über die theologische und kirchliche Bedeutung der Schriftsteller habe eine Literaturgeschichte keinen Aufschluß zu geben (S. XI). Auch nicht eine Literaturgeschichte, die sich einer Sammlung unter dem Titel ›Grundriß der theologischen Wissenschaften‹ eingliedert? Der Stoff macht doch nicht eine Disciplin zur theologischen, sondern die Behandlungsweise. Krüger schreibt lediglich einen Abschnitt der allgemeinen Literaturgeschichte, wenn er es sich zur Aufgabe stellt, die schriftstellerischen Erzeugnisse des christlichen Geistes auf dem Boden der alten Welt unter rein literarischen Gesichtspunkten aufzuführen (S. 1). Theologisches Urteil ist nötig, wenn eine solche Literaturgeschichte als theologische Disciplin auftreten will. Nur ist der Einschlag theologischen Urteils, auf den Krüger ganz verzichtet, anderswoher zu nehmen, als von wo der Patrologe in der Weise Bardenhewers ihn bezieht; er erfolgt nicht vom Standpunkt des späteren kirchlichen Dogmas, sondern der maßgebenden urchristlichen Literatur. Das theologische Urteil bestimmt sich darnach, in wie weit die in erster Reihe durch die beiden Sammlungen der Paulusbriefe und des vierfältigen Evangeliums vorgezeichnete Richtungslinie der urchristlichen Periode im ferneren Verlauf eingehalten oder verlassen worden ist. Es besteht kein Grund, die gnostischen Schriften von der Behandlung auszuschließen; sie nehmen ihre bestimmte geschichtliche Stelle ein. Aber das Urteil über ihren Inhalt ergibt sich nicht vom späteren kirchlichen Dogma aus, sondern vom ursprünglichen Geiste der urchristlichen Literatur. Es weht in den gnostischen Schriften ein anderer, fremdartiger Geist; es ist Aufgabe der geschichtlichen Forschung, die andersartigen Einflüsse in diesen Schriften nachzuweisen. Man muß Krüger zustimmen, daß die gnostische Literatur mitzubehandeln ist. Auch der Patrologe Albert Ehrhard in Würzburg findet die Auffassung Bardenhewers unstatthaft, daß die Patrologie ihren Charakter als theologische Disciplin einbüßen würde, wenn ihr Umfang auf die antikirchliche Literatur ausgedehnt wird (Literarischer Handweiser von Dr. Hülskamp, 1895, Nr. 634). Um so mehr sind wir nun aber über die Stelle überrascht, welche Krüger der gnostischen Literatur zuweist. Er stellt sie als zweite Abteilung in die Mitte zwischen die urchristliche Literatur (erste Abteilung) und die kirchliche d. h. apologetische und antihäretische Literatur (dritte Abteilung). Diese Anordnung erweckt durchaus schiefe Vorstellungen. Sie wird durch den Satz begründet, daß die gnostischen Koryphäen formell und inhaltlich manches von dem vorweggenommen haben, was in der patristischen Literatur eine Rolle gespielt hat (S. 43). Soll das heißen, daß die Gnostiker thatsächlich den Anstoß zur Bildung einer kirchlich-theologischen Literatur gegeben haben, so daß diese ohne jene nicht entstanden wäre? Diese Folgerung wäre durchaus zu bestreiten. Wir überschreiben vielmehr die zweite Abteilung »Anfänge der theologischen Literatur« und sehen nun zu, was in diese Abteilung gehört.

Wie die jüdische Theologie aus der gelehrten Beschäftigung mit den Schriften des Alten Testamentes entstanden ist, so ist die christliche Theologie an der Auslegung der Schriften erwachsen, welche durch kirchliche Anagnose der Erbauung der Gemeinde dienten. Die Exegese ist der älteste, aus der urchristlichen Literatur von selbst hervorwachsende Zweig der Theologie. Das älteste Werk der christlichen Theologie sind die leider nur in wenigen Bruchstücken erhaltenen fünf Bücher λογίων κυριακῶν ἐξηγήσεις des Papias, Bischofs von Hierapolis in Kleinphrygien (um 125). Das Werk steht insofern noch mit einem Fuß in der urchristlichen Periode, als Papias bemüht war, aus der ihm noch erreichbaren mündlichen Ueberlieferung Aussprüche Jesu zu sammeln; aber sein Hauptinhalt wird durch die Titelübersetzung des Hieronymus (de viris illustr. c. 18) richtig angegeben: *explanatio sermonum Domini* (vgl. Bardenhewer S. 77). Das Werk ist secundär, es setzt die kirchlichen Evangelien voraus. Es handelt sich in erster Linie um richtige Erfassung und Deutung urchristlichen Stoffes, nicht um Vermehrung des der Erbauung dienenden Materials. Das Ich des Schriftstellers tritt bedeutsam hervor. Papias fragt, was ihm nutzbringend sei (Euseb. hist. eccl. III 39, 4); er sammelt und schreibt zunächst für sich selbst, freilich in der Erwartung, daß das dem eigenen Bedürfnis dienende Werk auch andern nützen werde. Aber eben dieses persönliche Gepräge seines Werkes fordert, wie jede wissenschaftliche Bemühung, die

Kritik heraus; es fragt sich, ob er seine **Gewährsmänner** recht verstanden, und **ob** er **den** richtigen Gebrauch von seinen Quellen gemacht hat. Es redet ein Einzelner zu Einzelnen, nicht mehr (wie noch im Clemensbrief) die Gemeinde zur Gemeinde. Hier gewinnt die Kritik Existenzrecht; sie ist mit den Anfängen der theologischen Literatur verschwistert.

Der Satz gilt um so mehr, als sich bald in den christlichen Gemeinden ein ganz neues Verständnis des Evangeliums geltend zu machen suchte, das stolz auf das bisherige, gemeinkirchliche herabsah. Wollte Jesus wirklich in der parabola divitis et pauperis die dualistische Lehre aufstellen, daß das Böse nicht in den Individuen begründet sei, sondern aus einer besonderen verborgenen Wurzel entsprieße? Man konnte solche Behauptungen im dreizehnten Buche eines Werkes lesen, das Basilides in Alexandria schon c. 130 ›über das Evangelium‹ schrieb, und dessen 24 βιβλία nach Clemens von Alexandrien ἐξηγητικά betitelt waren (vgl. Zahn, Gesch. des N. T. Kanons, I. Bd. S. 764 ff.). War im Prolog des Johannesevangeliums wirklich das gelehrt, was der Valentinianer Herakleon in seinem Kommentar darüber aufstellte? Als vollends Marcion von Sinope mit seiner Kritik des Alten Testamentes hervortrat — einer Kritik, deren Kühnheit und Tragweite jede spätere in der Kirche geübte Kritik als zahm erscheinen läßt —, als er das Lukasevangelium und zehn ihm für echt geltende paulinische Briefe im Sinne seiner antijüdischen Auffassung des Christentums bearbeitete, da war der Kampf in die Wiege der christlichen Theologie gelegt. Die schwere, damals nicht völlig gelöste Aufgabe, die Schriften, an denen sich die Gemeinde erbaute, in demselben Geiste auszulegen, der sie hervorgebracht hatte, und fremdartige Einflüsse und Umdeutungen von der Auslegung fern zu halten, blieb fortan eine Hauptaufgabe der sich bildenden kirchlichen Theologie. Sie ist das für alle Zeiten geblieben.

Die Anfänge der theologischen Literatur traten indes noch auf anderen Gebieten hervor. Die geistige Berührung mit der nichtchristlichen Welt vollzog sich nicht nur auf dem ureigenen Gebiet der urchristlichen Literatur, deren Verständnis und Auslegung nun umstritten war, sondern sie trat auch in selbständiger Weise zu Tage, und zwar entweder in einem vorherrschend gegensätzlichen Sinn oder in der Form wesentlicher Annäherung. Die Apologeten des zweiten Jahrh. machten es sich zur Aufgabe, die jüdischen und heidnischen Beschuldigungen gegen die Christen und das Christentum zurückzuweisen und ihrerseits zum Angriff gegen die Feinde vorzugehen. Wenn jedoch, um das Christentum gebildeten Heiden verständlich zu machen, das spezifisch Christliche zurückgedrängt und das ›Vernunftmäßige‹ des christlichen Glaubens in den Vordergrund gerückt wurde, so waren von da nicht mehr sehr viele Schritte nötig, um in **leichter** christlicher Drapierung ins heidnische Lager selbst zu gelangen, in welchem die gnostischen Systeme ihre Heimat **hatten. Die gnostische Literatur** in ihren genuinen Schöpfungen (zu denen die besprochenen exegetischen Werke **ihrer** Aufgabe gemäß nicht gehören können) steht an der Grenzscheide der altkirchlichen theologischen Literatur. Die Gnosis suchte Probleme der heidnischen Religiosität mit wesentlich außerchristlichen Mitteln zu **lösen. Doch darüber braucht man** kein Wort zu verlieren.

In den Schriften der Apologeten und Gnostiker vermischte sich **die beginnende theologische Literatur** des Christentums in geringerem oder höherem Grade mit **dem** Strom der Weltliteratur. Der Beweis für diesen Satz, **der aus dem** Inhalt zu **führen ist,** wird **vervollständigt durch** Beobachtung der Form. Dialog und Roman sind, **um zwei hervorstechende Formen** zu nennen, Formen der Weltliteratur; sie kennzeichnen aber **einen** großen Teil der apologetischen **und** der gnostischen Literatur. Der Dialog **hat sich,** seitdem **er in die christliche** Theologie eingedrungen ist, sogar dauernd in der **apologetischen Literatur behauptet** (vgl. O. **Zöckler,** der Dialog im Dienste der **Apologetik 1894).** Die ältesten Apologien dieser Art sind antijüdische **Dialoge: die dem** Aristo von Pella zugeschriebene **Streitrede zwischen Jason** und Papiskus über Christus und Justins des Märtyrers **Dialog mit dem** Juden Trypho. Unter den antihellenischen Dialogen steht der Octavius des Minucius Felix voran — die älteste Schrift der lateinischen christlichen Literatur (so Bar**denhewer S. 178 ff. und** mit etwas reservierterem Urteil auch Krüger **S. 88), in** unverkennbarer Anlehnung an Ciceros Dialog De natura **deorum** komponiert. **Man hat die auf** den ersten Anblick verwunder**liche Beobachtung gemacht, daß** durch die weiteren Jahrhunderte der Kirche hindurch **bis zur** Reformationszeit und noch darüber hinaus der **Dialog vorherrschend** gewählt wurde **zur Verteidigung des** Christenglaubens **wider die Juden,** während im **Kampf mit den Heiden der Monolog** oder die Schutzrede die Vorhand hat (Zöckler **a. a. O. S. 4). Die** Erscheinung erklärt sich daraus, daß zu gedeih**licher Führung** eines Kampfgespräches eine gemeinsame Grundlage **nötig erscheint, wie sie** der Christ **und der Jude** im Alten Testa**ment besitzen, um dessen** richtiges Verständnis, namentlich betreffs **der Prophetie, der** Streit sich **dreht.** So sind denn auch im Dialog **des Minucius Felix die streitenden** Personen (der Christ Octavius **und der Heide Cäcilius) schon** zuvor durch **das** Band der gemein-

samen Freundschaft mit Minucius verbunden, und die damit vorausgesetzte Seelenverwandschaft bildet die Basis für die dann erfolgende
Verständigung. Aber genau besehen spielt hier immer eine Täuschung
mit. Das Christentum kann eben nicht andemonstriert werden, und
im Grunde steht das den Glauben weckende Zeugnis im Kampf mit
der in der Weltliteratur heimischen Form des Dialogs. Noch ersicht-
licher ist die Form des Romans in der christlichen Literatur ein frem-
des Gewand für mehr oder weniger fremden Inhalt. Krüger behandelt
die gnostische Romanliteratur in einem eigenen Kapitel (§ 30). Er
hätte noch viel mehr dazu rechnen können, als er thut. Warum erscheinen die pseudoklementinischen Rekognitionen und Homilien erst
fast am Schlusse des Buches (§ 103)? Weil sie auch in kirchlichen
Kreisen gelesen worden sind? Dessen ungeachtet gehören sie zu der
Romanliteratur, die, von den Gnostikern ausgehend, teils in roher
Form, teils in feinerer Ueberarbeitung sich auch in kirchlichen Kreisen Eingang zu verschaffen wußte.

Es liegt nicht in der Absicht dieser Zeilen, allen einzelnen Werken vor Irenäus und Clemens von Alexandrien ihre Stelle in den
›Anfängen der theologischen Literatur‹ nachzuweisen. Es kam uns
nur darauf an, Grundlinien für einen sachgemäßen Aufbau der altchristlichen Literatur zu zeichnen. Wenn Krüger auf S. 98 selbst
zugesteht, daß die Absicht auf wissenschaftliche Bearbeitung der
christlichen Glaubensquellen und Glaubenslehren ›vielleicht‹ schon
den Schriftstellern des zweiten Jahrh. nicht ferne gelegen hat, so
finden wir in den besprochenen Werken eben die Anfänge der theologischen Literatur, welche einerseits sich bestimmt unterscheiden
von den unreflectierten, dem unmittelbaren kirchlichen Gebrauch
dienenden Schriften der urchristlichen Literatur und andererseits die
Voraussetzung bilden für die gereiftere theologische Arbeit, die mit
der Zeit des Irenäus und Clemens anhebt, und die bald ihr eigen-
tümliches Gepräge in der Pflege einer Schultheologie findet. Die
Arbeiten der alexandrinischen Schule gehören nicht mehr zu den
Anfängen der theologischen Literatur.

Ich wende mich der Aufgabe zu, auf einzelne Fragen der patristischen Forschung näher einzugehen und beginne mit Cyprian.

›Eine der anziehendsten Erscheinungen auf dem Gebiete der
altkirchlichen Literaturgeschichte ist der edle Bischof von Karthago
Thascius Cäcilius Cyprianus‹, urteilt Bardenhewer S. 194. Das ist
richtig, aber die geschichtliche Betrachtung wird den anderen Satz
an die Spitze stellen, daß Cyprian zu den allereinflußreichsten kirchlichen Schriftstellern gehört, und daß seine Nachwirkungen sich bis
auf die Gegenwart erstrecken. Man pflegt gewöhnlich bei Augustin

stehen zu bleiben, wenn man nach dem Kirchenvater fragt, der die geschichtlich auseinandergetretenen Strömungen des Katholizismus und Protestantismus noch einheitlich und verbunden in sich trägt. Man kann auf Cyprian zurückgehen. Er ist der Mann, der die Autoritäten für die Folgezeit stempelte: das Bischofstum, auf dem die Einheit der Kirche ruht, und den Buchstaben der fest abgegrenzten heiligen Schrift; oder noch bestimmter: das Bischofstum, das seinen Mittelpunkt im Nachfolger des Petrus zu Rom findet, und den in bestimmter Uebersetzung festgelegten Buchstaben der Schrift. Autoritäten müssen festumgrenzte, unzweideutige Größen sein; das stand diesem praktischen Geiste fest. Zugleich aber zeigt der Januskopf dieses Mannes, dessen Angesicht der fernen Zukunft zugewendet ist, auf der anderen Seite die urchristlichen Züge. Er schreibt Briefe mit bestimmter Adresse und katholische Briefe (Tractate) in Kraft heiligen Geistes, inspiriert von Gott, wie ein Mann der urchristlichen Zeit; er spricht von *mediocritas nostra auxilio divinae inspirationis instructa* (Ad Fortunatum c. 1); er tritt bestimmt der Meinung entgegen, als schreibe er Eigenes und Menschliches; was er schreibt, entstammt höherem Auftrag — *Deo mandante et inspirante* (Ep. 63, 1). Er hat Träume und nächtliche Visionen wie ein Prophet. Er ist Bekenner Christi und Märtyrer. Die Autoritäten der Vergangenheit und der Zukunft begegnen sich in dem Manne; er ist alles in einem · Inspirierter, Prophet, Confessor — Bischof, Biblizist. Kein Wunder, daß sein Einfluß durch die Jahrhunderte hindurchgeht.

Bardenhewer hebt hervor, daß die in den drei Büchern ad Quirinum (Testimoniorum libri tres) gebotene Sammlung biblischer Aussprüche über die verschiedensten Gegenstände von späteren Schriftstellern ausgiebig verwertet worden sei, und nennt den Anonymus adversus aleatores, Commodian, Lactantius, Firmicus Maternus (S. 196). Der Hauptpunkt ist hier nicht berührt. Cyprian hat sich selber in seinen späteren Schriften mit buchstäblicher Genauigkeit an die lateinische Bibelübersetzung gebunden, der er die Testimonien-Stellen entnahm. Ein Clemens Alexandrinus hat mit großer Freiheit den griechischen Bibeltext verwendet, so daß ganz genaue Anführung selbst kleinerer Sprüche bei ihm fast eine Ausnahme bildet; Cyprian führt die ausschließliche Autorität einer bestimmten Uebersetzung in die Kirche ein und findet Nachfolger in dieser Unterwerfung unter den überkommenen Buchstaben, wie die Einführung und Geschichte der Vulgata, aber auch die Geschichte der lutherischen Bibelübersetzung bis in die Gegenwart hinein beweist. Wie viel cyprianischer Geist trat bei den Kämpfen um die Revision der Lutherbibel zu Tage! Man hat wohl nicht geahnt, in wessen Spuren man sich be-

wegte. Daß aber Cyprian die Autorität der Schrift in Form der
Autorität einer festgelegten Uebersetzung vertrat, das beweisen
Dutzende von Testimonien-Stellen, verglichen mit der Anführung
der nemlichen Stellen in andern Schriften Cyprians. Nur muß man
bei der Vergleichung die spätere Textgestalt des von Hartel aus
anderen Gründen bevorzugten cod. A (Sessorianus) verlassen und den
ursprünglicheren Text des cod. L (Vindobonensis) und der ihm verwandten codd. BMW an die Stelle setzen. Daß wir uns zur Reconstruction der Bibel Cyprians an diese Gruppe halten müssen, ist
jetzt allgemein anerkannt.

Der Mann der Autorität von so großer und weiter Wirkung auf
die Folgezeit hat selber einige schwere Kämpfe um die Behauptung
seines bischöflichen Ansehens zu führen gehabt — den ersten und
nicht geringsten zur Zeit der decianischen Verfolgung, als er sich
der Todesgefahr entzog und von seinem Zufluchtsorte aus die schwer
bedrängte Gemeinde in Karthago zu leiten sich bemühte. Die Zahl
der Abgefallenen wuchs von Tag zu Tag; um so höher stieg das
Ansehen der Confessoren und Märtyrer, die in Kraft des Geistes
Stand gehalten. Auf ihre geisteskräftige Fürbitte waren die Reumütigen unter den Gefallenen angewiesen, die wieder Anschluß an
die kirchliche Gemeinschaft suchten. Aber die schwere Frage erhob
sich, inwieweit man ihnen entgegenkommen dürfe in Abwesenheit
des Bischofs, des Leiters der Gemeinde. Die Lage wurde noch ge-
spannter durch das Eingreifen des römischen Clerus. Bischof Fabian
hatte ruhmvoll den Märtyrertod erlitten; der Clerus von Rom teilte
dies dem Cyprian mit, richtete aber gleichzeitig ein höchst eigentüm-
liches Schreiben an den Clerus von Karthago, dessen Erklärung uns
näher beschäftigen soll. Die Wirkung des Schreibens wurde von vornherein dadurch geschwächt, daß der karthagische Clerus den Brief
dem Bischof mitteilte.

Das angeführte Schreiben wird von Krüger S. 181 kurz erwähnt: ›Ep. VIII. Zuschrift nicht erhalten. Brief des römischen
Clerus an den karthaginiensischen. 250‹; Bardenhewer teilt auf S. 201
mit, daß Miodoński von diesem Brief, ebenso wie von den andern in
Vulgärlatein geschriebenen Briefen der cyprianischen Briefsammlung
Nr. 21—24 eine neue Ausgabe im Anhang seiner Edition des Anonymus adversus aleatores (Erlangen 1889) veranstaltet habe. Seiner
Wichtigkeit entspricht es, daß der Brief neuerdings mehrfach besonders untersucht worden ist; so von Adolf Harnack in den theolog.
Abhandlungen Carl von Weizsäcker zum 70. Geburtstag 11. Dez.
1892 gewidmet S. 6 ff.; von Karl Müller in Breslau in dem Artikel
›die Bußinstitution in Karthago unter Cyprian‹ (Zeitschrift für Kir-

chengeschichte Bd. XVI S. 208 ff.). Ich glaube nicht, daß schon das letzte Wort über den Brief gesprochen ist. Im folgenden soll eine neue Auffassung des Schreibens, das den Schlüssel zum Verständnis der ganzen Situation darbietet, entwickelt und in aller Kürze begründet werden.

Vieles Kopfzerbrechen hat schon der erste Satz des adresselosen Briefes hervorgerufen (Hartels Ausgabe S. 485; Miodoński S. 114): *Didicimus secessisse benedictum Papatem Cyprianum a Crementio subdiacono, qui a vobis ad nos venit certa ex causa, quod utique recte fecerit, propterea cum sit persona insignis, et imminente agone quem permisit Deus* etc. Was soll diese Verbindung von Tadel und Entschuldigung? Ist der Subdiakon Crementius ›aus gewissem Grunde‹ von Karthago nach Rom gekommen? Aber den Grund wissen ja doch die Karthager. Also ist Cyprian ›aus gewissem Grunde‹ entwichen? Welch seltsame Konstruktion, bei welcher der entscheidende Gedanke nachhinkt! Oder stehen die Worte an falscher Stelle? Wir erinnern uns, daß der Brief gar nicht zur Kenntnis Cyprians gelangen sollte. Der karthagische Klerus teilt ihn gleichwohl mit, aber nicht, ohne den ersten anklagenden Satz zu glossieren und dadurch zu mildern. Am Rande standen die Worte *certa ex causa*, am Rande stand auch der Satz *quod utique recte fecerit, propterea cum sit persona insignis* — ein Satz, der einer späteren Anklage des Briefes die Spitze bietet, wo gesagt ist, daß im Unterschied von der im Glauben feststehenden Gemeinde einige gestürzt seien — *sire quod essent insignes personae sive adprehensi timore hominum* (H. p. 487, 8)[1]. Nun gewinnen wir einen Briefanfang, der zum ganzen weiteren Inhalt des Briefes paßt. Das ist die Lage: ›Gewichen ist der gepriesene Vater Cyprian in einer Zeit drohenden Kampfes, den Gott in bestimmter Absicht, zur Erprobung seiner Gemeinde, zugelassen hat. Wenn wir es auch so machten, wären wir Mietlinge. Wir wollen aber nicht als Mietlinge erfunden werden, Brüder, sondern uns der bedrängten Gemeinde, der Gefallenen, der Reuigen annehmen, die Bußfertigen in Todesnot absolvieren, den gefangenen Brüdern dienen, und ja — um Gottes willen! — die Leichname der Märtyrer beerdigen‹. Der Zweck des Briefes ist, den verwaisten karthagischen Clerus zu energischer Action aufzufordern und vor allem zu richtigem Verhalten gegen die Gefallenen anzuhalten, die

---

1) Die Ueberlieferung der in Vulgärsprache abgefaßten fünf Briefe 8. 21—24 ist in mannigfacher Weise von Glossen durchsetzt. Vgl. z. B. H. 530, 7, wo der Satz *ante cruore illo sancto laveris* glossiert ist mit den Worten: *si prius passus fueris*. Es kommt noch eine Reihe von anderen Stellen in Betracht (z. B. *id est Numeriam et Candidam* H. 531, 2 — Glosse aus 531, 16 u. a.).

man nicht aufgeben dürfe, sondern fort und fort ermahnen, zu mutigem Bekenntnis im Fall wiederholter Vorladung stärken und jedenfalls in Krankheitsfällen bei bußfertigem Sinn absolvieren müsse. Auffallend ist der Schluß des Briefes. Es hat nicht mit der üblichen Grußformel sein Bewenden (*optamus vos, fratres carissimi, semper bene valere*), sondern es geht ein Satz voraus, welcher Grüße der Gesamtgemeinde in eigentümlicher Abstufung enthält: *salutant vos fratres qui sunt in vinculis et presbyteri et tota ecclesia* (H. p. 488, 10). Harnack hat daran erinnert, daß durch den ›Hirten des Hermas‹ (Vis. III 1, 8) den $\pi\alpha\vartheta\acute{o}\nu\tau\varepsilon\varsigma$ $\varepsilon\acute{i}\nu\varepsilon\varkappa\alpha$ $\tau o\tilde{v}$ $\acute{o}\nu\acute{o}\mu\alpha\tau o\varsigma$ $\tau o\tilde{v}$ $\vartheta\varepsilon o\tilde{v}$ der Platz vor den $\pi\varrho\varepsilon\sigma\beta\acute{v}\tau\varepsilon\varrho o\iota$ ein für alle Mal für das Abendland festgelegt worden sei. Aber wozu wird überhaupt hier die in einem Brief des Clerus an den Clerus ganz unnötige Unterscheidung gemacht? Der Verfasser des Briefes, der im Namen des römischen Clerus schreibt, scheint in besonders nahem Verhältnis zu den Confessoren gestanden zu haben; er hebt hervor, daß die Confessoren grüßen, und sie grüßen in erster Reihe. War er etwa selber ein Confessor?

Eine eigenartige Beziehung stellt sich bei der Vergleichung dieses Schreibens mit der Ep. 21 (H. p. 529—532) heraus — d. h. mit dem Briefe, den der Confessor Celerinus von Rom aus an den karthagischen Bekenner Lucianus richtete, um dessen Fürsprache für zwei gefallene Christinnen, Numeria und Candida, zu erbitten. Ich hebe zunächst einen Punkt hervor. In Ep. 8 wird versichert, daß das Verhalten suchender und nachgehender Liebe, das dem karthagischen Clerus anempfohlen wird, von den Römern selbst mit aller Treue beobachtet werde. Es wird dann offenbar auf einen ganz bestimmten Vorfall hingewiesen, wenn es in dem Briefe heißt (H. 487, 6): *sed et ascendentes (ad) hoc quod conpellabantur revocavimus* (die auch von Harnack gebilligte Lesart des cod. *T conpellabantur* verdient den Vorzug vor der Aenderung *compellebatur* in der von *T* abhängigen Handschrift φ; die Präposition *ad* ist unsicher). ›Wir haben sogar solche, welche (zu den Opfern) hinaufzusteigen im Begriffe standen, dadurch (auf das hin), daß sie harten Zuruf erfuhren, zurückgebracht‹. Das im vorausgehenden Satz geforderte *hortari* wandelte sich im Falle dringendster Gefahr in das *conpellare*, das scheltende Anfahren. Nun liest es sich doch wie ein Commentar zu dieser Stelle, wenn Celerinus in dem Briefe an Lucianus von Candida die Worte gebraucht (H. 531, 17): *Hanc ipsam* ΠΕCΟΥϹΑΝ (= $\pi\varepsilon\sigma o\tilde{v}\sigma\alpha\nu$, so ist zu lesen für das überlieferte sinnlose Wort ETTECVSAM — nach meiner von Miodoński S. 120 aufgenommenen Conjektur)[1] *semper appellavi, testis est nobis Deus, quia pro se*

---

1) Der Abschreiber las die griechischen Buchstaben schlecht. Er mochte

dona (pro sedunta *T*φ) *numeravit ne sacrificaret*: *sed tantum ascen-
disse videtur usque ad Tria fata*[1]) *et inde descendisse. Hanc ergo
non sacrificasse ego scio.* Der Zuruf »Gefallene« hat geholfen; er
hat die Gefährdete davor bewahrt, den letzten Schritt zu thun.
Der Gebrauch des Wortes πεσοῦσα für *lapsa* in dem spezifischen
Sinn, in welchem es steht, erinnert an die Ausdrücke *thlibomeni* =
ϑλιβόμενοι und *caticumini* = κατηχούμενοι in Ep. 8 (H. 487, 21
und 488, 2). Das ist nicht zu leugnen, daß der in Ep. 21 ge-
schilderte Vorgang sich ausnimmt wie die geschichtliche Grundlage zu der in Ep. 8 aufgestellten Behauptung von der Notwendigkeit
und dem Nutzen des *compellare*. Ist der Confessor, der möglicher
Weise Ep. 8 im Auftrag des römischen Clerus geschrieben hat,
Celerinus? Es kommen drei Instanzen für diese Frage in Betracht:
die Ueberlieferung, der sprachliche Charakter, die inhaltliche Verwandtschaft.

Die Ueberlieferungsgeschichte der Briefe **Cyprians** ist eigen-
tümlich **genug.** Sie ist in allen ihren Zusammenhängen noch nicht ge-
nügend aufgehellt. Es ist vor allen Dingen noch nicht hinreichend
untersucht, **wie weit** die ursprünglichen Sammlungen in der Ueberlieferung nachwirken. Als Cyprian die Ep. 8 zuerst mit Ep. 9,

den ersten Teil des Buchstabens *Π* für die Abkürzung von *et* und den zweiten
für *t* halten; ferner las er *C* wie lateinisches *c*. So kam die Unform *ettecusam*
zu stande. — Daß in *Ettecusam* ein griechisches Wort auf -ουσαν stecke, hat
schon Lagarde vermutet (Symmicta 1. Bd., 1877, S. 74).

1) Ueber diesen Ort gibt Auskunft die Stelle bei Procop, de bello Gothico
I 25, wo es vom Janus heißt: ἔχει δὲ τὸν νεὼν ἐν τῇ ἀγορᾷ πρὸ τοῦ βουλευτη-
ρίου ὀλίγον ὑπερβάντι τὰ τρία φᾶτα· οὕτω γὰρ Ῥωμαῖοι τὰς μοίρας νενομίκασι
λαλεῖν. — Der Ort stimmt zur Situation. Candida wollte über das Forum auf
das Capitolium sich begeben, um zu opfern, ließ sich aber noch auf dem Forum
zurückhalten. Um so dunkler ist der Sinn des Nebensatzes mit quia. Welche
Worte stecken in der Lesart: pro sedunta? In keinem Fall paßt das Wort dona,
das die Ausgaben bieten. Da für beide Teile (nobis) Gott als Zeuge angerufen wird, ist vielleicht an Gelübde (vota für unta *T*φ oder ucta *τ*c) zu denken,
welche die durch den Zuruf zur Besinnung Gebrachte in ihrer inneren Seelenqual
für sich (pro se) abgelegt hat. Gott weiß von diesen Gelübden wie von dem
Zuruf des Celerinus; beides, wovon Gott Zeuge ist, hat dazu beigetragen, daß
das beabsichtigte Opfer thatsächlich nicht vollzogen worden ist. Auffallend ist
der Ausdruck *vota numeravit* statt *vota nuncupavit*; aber es soll betont werden,
daß Candida in ihrer Angst viele Gelübde gethan hat; sie hat »tausend Gelübde«
abgelegt. Ich schlage vor, daß der Satz in genauem Anschluß an die Ueberlieferung des cod. *T* so gelesen wird: *quia pro se D* (= *quingenta*) *vota numeravit, ne sacrificaret.* Ueber den Gebrauch von quingenti zur Bezeichnung einer
unbestimmten **großen Zahl** vgl. Wölfflin, Archiv für lat. Lexikographie, 9. Bd.
(1896) S. 184.

worin er die Echtheit von Ep. 8 in Frage stellte, und dann mit
Ep. 20, worin er den erst angefochtenen Brief anerkennt und citiert
(vgl. H. 528, 25—28 mit 487, 19 und 20), beantwortete, legte er
zum Ausweis seiner hirtenamtlichen Thätigkeit ein Corpus von dreizehn Briefen bei, die uns erhalten sind (Ep. 5—7 und 10—19 bei
Hartel). Die Sammlung stand in dem sehr alten, leider jetzt ver-
schollenen Codex Veronensis (saec. VII), wie die uns aufbewahrten
Varianten beweisen; nur zu Ep. 19 sind keine Varianten notiert.
Dieser Ausfall mag zufällig sein; denn ohne Zweifel gehörte Ep. 19,
wie sich sofort zeigen wird, zu der Sammlung. Von den dreizehn
Briefen bildeten fünf (nach H. 538, 16) ein engeres, auch an andere Adressen versandtes Corpus. Wenn nun in der Ueberlieferung (nach H. p. XXXIV im Archetypus der zweiten Familie
der Brief-Handschriften) die fünf Briefe beisammen stehen: 16.
15. 17. 18. 19, so dürfen wir darin wohl jenes engere Corpus erkennen; es ist geschlossen in die Briefsammlung gekommen. Wir
finden diese fünf Briefe auch sonst noch in der gleichen Reihenfolge beisammen, z. B. in dem von Hartel zu den Mischhandschriften
gerechneten Codex i (p. LVII) und in dem eigentümlichen Augsburger Codex (Kreisbibl. Handschriftenkat. 65), aus dem C. Wunderer
die pseudocyprianische Schrift Exhortatio de paenitentia neu heraus-
gegeben hat (vgl. Bardenhewer S. 201, Krüger S. 190 i). Es läßt
sich aber sofort noch eine weitere Sammlung feststellen. Ohne den
Erfolg der Ep. 20 abzuwarten, richtete Cyprian ein weiteres Schreiben nach Rom, Ep. 27, und legte wieder mehrere Briefe bei: den
kurzen Friedensbrief der Confessoren für die Gefallenen Ep. 23 (nach
H. 542, 6 und 7), seinen eigenen Brief an den Clerus von Karthago
Ep. 26, den Briefwechsel mit Bischof Caldonius über die Wieder-
aufnahme der Gefallenen Epp. 24 und 25, endlich den Brief des Celerinus an Lucianus und dessen Antwort Epp. 21 und 22 (alles dies
nach H. p. 543, 1—6). Wir erhalten die Reihe: 27. 23. 26. 24. 25.
21. 22. Die einzige Stammhandschrift, welche alle diese Briefe enthält, ist cod. T; für die fünf ersten Briefe 27. 23. 26. 24. 25 sind uns
Varianten aus dem cod. Veronensis aufbewahrt, der Brief 26 findet
sich auch in Seitenhandschriften zu T, in EIM (vgl. das Stemma
H. p. XXXIV), der Brief 25 in EI (I ist von E abhängig). Nun ist
es doch im höchsten Grade merkwürdig, daß die einzige Stammhandschrift für die ganze Zahl von sieben Briefen die Reihe bietet: 27. 23.
24. 21. 22, eine Reihe, die ganz ersichtlich hervorgegangen ist aus der
vorher gewonnenen: 27. 23. (26). 24. (25). 21. 22. Die beiden einge-
klammerten Briefe 26 und 25 stehen schon an früherer Stelle in cod. T;
sie bilden, worauf schon die konkurrierende Ueberlieferung in EI

hindeutet, für sich eine kleine Gruppe, und zwar im Anschluß an
das vorhin erwähnte Corpus von fünf Briefen (H. p. XXXIV : Archetypus der zweiten Familie: 16. 15. 17. 18. 19. 26. 25, obenso auch
cod. i p. LVII). Der Sachverhalt wird deutlich. Der fleißige
Sammler des reichen Codex *T* (Reginensis 118, saec. X) konnte
eine in ihren Grundlagen uralte Handschrift benutzen, deren Be-
standteile noch den Zusammenhang mit den ältesten kleinen Sammlungen der Briefe Cyprians in ihrer ursprünglichen Anordnung auf-
wiesen. Mit um so gespannterer Erwartung fahren wir in der Prüfung der Ueberlieferung fort. Im cod. *T* folgen auf die sieben, resp.
fünf Briefe die Nummern: 8. 35. 36. 33. 49. 50. 34. 41. 42. 80.
Mit Brief 80 hörte die Quelle für die Briefe auf zu fließen. Diese
reiche Sammlung in allen ihren Einzelheiten zu besprechen, würde
hier zu weit führen (vgl. Anm. S. 22); es sei nur bemerkt, daß
wir für die Ep. 36 (der römische Clerus an Cyprian) und Ep. 33
(Cyprian an die Gefallenen) in *V*, für die Epp. 49 und 50 (Cornelius an Cyprian) in *CRV*, für Ep. 34 (Cyprian an den Clerus in
Karthago) und Ep. 41 (Cyprian an Caldonius u. s. w.) wieder in *V*
und für Ep. 80 (Cyprian an den Bischof Successus) in *GHW* und
nach dem Apparat der Oxforder Cyprianausgabe des Bischofs Fell
auch in *V* eine konkurrierende Ueberlieferung haben. Die andern
Briefe (8. 35. 42) und vor allem die ganze Reihe findet sich nur
in cod. *T* und in den von *T* abhängigen Handschriften. Das Verhältnis der ganzen Reihe zu den ursprünglichen Vorlagen mag zunächst auf sich beruhen; fürs erste interessiert uns aufs höchste der
Umstand, daß in der alten Sammlung, die von dem Urheber des cod. *T*
benutzt wurde, auf jene sieben Briefe unsere Ep. 8 folgte, so daß diese
in Zusammenhang tritt mit Epp. 21 und 22, d. h. mit dem Briefwechsel
zwischen Celerinus und Lucianus. Was soll dieser Zusammenhang
bedeuten? Der Schreiber des cod. *T* hat die Sache veräußerlicht,
wenn er der Ep. 8, die in der Sammlung auf die Antwort des Lucianus an Celerinus folgte, die Ueberschrift gab: *Incipit rescribens
Celerino* (lies: Celerinus) *Luciano* und dann den Brief mit den
Worten schloß: *Scribens Celerinus Luciano explicit* (vgl. Hartels
Apparat p. 485 und 488). So steht die Sache keinesfalls, und man
mag die Ueberschrift in ihrem Wortlaut mit Harnack (a. a. O. S. 6
Anm. 1) ›eine schlechte Conjektur‹ nennen, weil ›der folgende (vielmehr: der zweitvorhergehende) Brief in der Sammlung von Celerinus ist‹. Aber auf die wichtige Frage gilt es eine Antwort zu
finden, was für ein Grund den letzten Urheber der alten Sammlung,
der Vorlage für cod. *T*, bewogen haben mag, dem geschlossenen
Corpus jener sieben Briefe die merkwürdige Ep. 8 anzuhängen und

sie nicht vielmehr zuvor schon im Anschluß an Ep. 9 zu bringen, so
daß wir die Reihe hätten: 9. 8. 29. 27 u. s. w. (H. p. XXXIX)? Der
Brief 8 lag nach den Worten Cyprians (II. 489, 16) als Beilage bei
Brief 9, ebenso wie Brief 27 sechs Beilagen hatte. Warum ist die
natürliche Stelle in der Anordnung der Briefe aufgegeben und ein
Platz gewählt, auf den nicht zeitliche, sondern nur rein sachliche
Erwägungen führen konnten? Hielt etwa doch der Veranstalter der
zu Grunde liegenden Sammlung den überschriftslosen Brief 8 für
ein Schriftstück, das in Cooperation mit dem Briefwechsel zwischen
Celerinus und Lucianus stand?[1]).

1) Beides steht fest, 1) daß Ep. 8 schon in der alten Sammlung, welche
für cod. *T* die Vorlage bildete, der geschlossenen Gruppe von sieben Briefen an
dieser Stelle beigegeben war — es gibt für diesen Brief keine andere konkurrierende
Ueberlieferung, aus der er iu cod. *T* hätte übergehen können — 2) daß mit dem
folgenden Brief 35 (36. 33. 49. 50. 34. 41. 42. 80 cod. *T*) eine neue in sich ge-
schlossene Gruppe beginnt. Bei dieser können wir den Gang der Ueberlieferung
deutlich verfolgen. Der kurze Brief Cyprians nach Rom, Ep. 35, hatte, wie der
Brief selbst angibt, drei Beilagen: einen (verlorenen) Brief der unbotmäßigen
Gefallenen (*pacem non dandam sibi postulantes sed quasi iam datam vindicantes*
— II. 571, 16), Cyprians zurückweisende Antwort an sie, Ep. 33, und des Bischofs
Brief an den Clerus in Karthago, Ep. 34. Wir erhalten die Reihe: 35. x. 33.
34. Die Reihe kann man noch in der von cod. *T* festgehaltenen Ordnung wahr-
nehmen: *3 5. 36. 3 3. 49. 50. 3 4. 41. 42. 80.* Die Aenderungen können erklärt
werden. Zunächst ist an Stelle des Briefes der Gefallenen *x* die Antwort ge-
treten, die Cyprians Brief (35) von Seiten Roms (36) erfuhr. Und dann sind
aus kirchenrechtlichen Gesichtspunkten Briefe verwandten Inhalts eingestreut und
angehängt. Cyprians disciplinarer Brief 33 bekam ein römisches Seitenstück an
dem Vorgehen des Bischofs Cornelius gegen die Novatianer: Epp. 49 und 50
(sie bildeten in den codd. *CR* eine kleine Gruppe für sich, vgl. Hartel p. L),
und dem Zuchtverfahren gegen den Presbyter Gajus und seinen Diakon (34) trat
das Verfahren der Bischöfe Caldonius und Herculanus gegen den Schismatiker
Felicissimus zur Seite (41 und 42). Der Brief 80 steht für sich da, als letzter
Brief Cyprians während der Verfolgung unter Kaiser Valerian. Nun ist der Umstand bemerkenswert, daß der führende Brief dieser Sammlung 35 von der späteren Ueberlieferung unterdrückt wurde. Er stand in der Vorlage des cod. *T*,
aber nicht mehr im cod. Veronensis (saec. VII) oder im cod. Laureshamensis
(saec. IX); dieses kurze Begleitschreiben war kirchenrechtlich bedeutungslos. So
treten drei Stadien der Ueberlieferungsgeschichte hervor: 1) die ursprünglichen,
geschichtlich entstandenen Sammlungen der Briefe, 2) gemischte Sammlungen, in
denen die ursprüngliche Ordnung von kirchenrechtlichen Anordnungsgrundsätzen
gekreuzt wurde, 3) kirchenrechtliche Sammlungen. Das zweite Stadium wird am
reinsten vertreten durch den cod. *T* oder seine alte Vorlage. Wir haben an
zwei Beispielen, an dem Corpus von sieben Briefen, zu welchem Ep. 8 hinzutrat,
und an dem eben untersuchten Corpus gesehen, wie stark die älteste Anordnung
der Briefe, die auf Cyprian selbst zurückgeht, hier noch nachwirkt, so daß sie
deutlich als Grundlage zu erkennen ist.

Die Sache tritt in noch helleres Licht, wenn wir mit dem Inhalt
des cod. T den am nächsten verwandten cod. V (Veronensis) vergleichen. Der cod. T enthält alle Briefe Cyprians mit Ausnahme
von fünfen: 48. 62. 68. 75. 81. Dagegen stehen die drei Briefe
12. 70. 76 doppelt in ihm. Dieser Umstand ist für die Scheidung der Quellen, aus welchen der Urheber des cod. T schöpfte,
von großer Bedeutung. Da die Dubletten sämtlich in der zweiten
Hälfte der Briefsammlung dieser Handschrift stehen, zerfällt sie von
selbst in zwei große Teile. Man nimmt nun leicht wahr, wie die
Briefe des ersten Teils (vgl. Hartel p. XXXIX) sich im wesentlichen
mit der alten Briefsammlung decken, welche das von Mommsen ver-
öffentlichte, auf ein Exemplar des J. 359 zurückgehende Schriften-
verzeichnis Cyprians angibt, und welche mit einer Mehrung von elf
Briefen der cod. Laureshamensis enthält (vgl. Harnacks Geschichte
der altchristl. Literatur I S. 696). Spätestens mit der Dublette
Ep. 76 beginnt der aus andern Quellen geschöpfte zweite Teil der
Briefsammlung, dessen Stücke in weitem Umfang sich nur mit den
Beständen des cod. Veronensis vergleichen lassen. Ich setze die
Reihe her (nach Hartel p. XXXIX) und schließe die Briefe in Klammern, für welche uns keine Varianten aus cod. V aufbewahrt sind.
Die Reihe lautet: 76. (77). Quod idola dii non sint. 30. 31. 70. 5.
7. 14. 4. 56. 3. 72. 12. (53). 16. 15. 17. 18. (19). 26. 25. 9. 29. 27.
23. 24. (21. 22. 8. 35). 36. 33. 49. 50. 34. 41. (42). 80. Nach Hartels Apparat müßte man auch Ep. 80 in Klammern schließen; aber
die Oxforder Ausgabe gibt sowohl für Ep. 80 wie auch für Ep. 81
je eine Variante aus cod. V an. Man sieht, daß der Umfang sich
fast deckt; über die Reihenfolge der Stücke in cod. V läßt sich im
allgemeinen nichts sagen. Von Ep. 19 war vorhin schon die Rede;
die paar Zeilen von Ep. 42 kommen kaum in Betracht. Ueberdies
rührt dieser Brief nicht von Cyprian her; das gilt auch von Epp. 53
und 77. Von den nicht-cyprianischen Briefen der Sammlung sind nur
die des römischen Clerus vollzählig aufgenommen, mit einziger Ausnahme der Ep. 8, die an sehr bemerkenswerter Stelle fehlt. Die einzige größere Lücke ist das Fehlen der Briefe 21. 22. 8. 35. Hier ist,
sei es nun vom Urheber des cod. V oder schon von dessen Vorlage,
eine deutliche Reduction vorgenommen worden. Denn die Epp. 21
und 22 gehörten ja zu dem geschlossenen Corpus von sieben Briefen, das auf Cyprian zurückging, und die Ep. 35 war, wie die Anm.
auf S. 22 beweist, der führende Brief in einem Corpus von ur-
sprünglich vier Briefen. Die Epp. 21 und 22 waren fremde Briefe,
und die Ep. 35 war ohne kirchenrechtliche Bedeutung. So erklärt
sich die Reduction. Unerklärlich scheint nur die Unterdrückung der

Ep. 8, des einzigen clerikalen Briefes aus Rom, den der cod. *V* ver-
schmäht hat. Und doch löst sich das Rätsel. Der Brief 8 steht
und fällt in der Ueberlieferung mit dem Briefwechsel zwischen Celerinus und Lucianus. Er ist uns nicht als Brief des römischen Clerus
erhalten geblieben, sonst wäre er im cod. Veronensis nicht unterdrückt, sondern als ein Schriftstück, das in enger Beziehung zu
Epp. 21 und 22 steht. Im Zusammenhang mit diesen Briefen ist er
überliefert; wo sie fehlen, fehlt auch Ep. 8. Ein merkwürdiger
Zeuge für diesen Zusammenhang ist die Augsburger Handschrift
Nr. 65. Dort ist allerlei gesammelt, wie die Aufnahme der Exhortatio de paenitentia beweist. Die Vorlage, welche dem Sammler die
vier im cod. *V* fehlenden Stücke bot, war nicht identisch mit cod. *T*;
sonst hätten wohl aus ihm auch die Briefe 42. 50. 53. 71. 79 Aufnahme gefunden, die in der Augsburger Handschrift fehlen. Gleichwohl begegnen auch hier die vier Stücke in der festgelegten Ordnung: 21. 22. 8. 35 (dann folgt noch 41. Vita Caecilii Cypriani.
De Pascha; damit endet die Handschrift). Das äußere Beisammen-
stehen in der Ueberlieferung deutet eine innere Zusammengehörigkeit an.

Für diese Zusammengehörigkeit spricht ganz entschieden außer
der Ueberlieferungsgeschichte der sprachliche Charakter. Es gehört
zu den anerkannten Vorzügen des cod. *T*, daß er die fünf Briefe
8 und 21—24, die in Vulgärsprache abgefaßt sind, auch in dieser
Sprache überliefert hat. Die Verfasser von vieren dieser Briefe waren
nun ohne Frage Afrikaner: die Confessoren zu Karthago (Ep. 23),
Caldonius (Ep. 24), Lucianus (Ep. 22), aber auch Celerinus (Ep. 21).
Die Herkunft des Celerinus aus Karthago, wohin er später zurück-
kehrte, könnte schon aus den reichen Personalien seines Briefwechsels
mit Lucianus gefolgert werden; sie steht überdies durch Cyprians
Mitteilungen über seine Verwandten Celerina, Laurentinus und Egna-
tius (Ep. 39 c. 3—II. 583) fest. Mit Recht hat sich K. Müller
(a. a. O. S. 8 Anm. 4) gegen O. Ritschls Unterscheidung zweier Ce-
lerini gewendet — es gibt nur den einen, der nachher eine Zeit
lang mit andern Confessoren ein Anhänger Novatians war, und den
der Bischof Cornelius in seinem bekannten Briefe an Fabius von
Antiochien so charakterisiert: Κελερῖνος, ἀνὴρ ὃς πάσας βασάνους
διὰ τὸν τοῦ θεοῦ ἔλεον καρτερικώτατα διενέγκας καὶ τῇ ῥώμῃ τῆς
αὐτοῦ πίστεως τὸ ἀσθενὲς τῆς σαρκὸς ἐπιρρώσας κατὰ κράτος νενίκηκε τὸν ἀντικείμενον (Euseb. hist. eccl. VI 43, 6). Der Afrikaner
Celerinus schrieb vulgär wie Lucianus; genau denselben sprachlichen
Charakter trägt nun auch Ep. 8[1]. Kann sie nicht gleichwohl von

1) Man kann die sprachliche Verwandtschaft bis in einzelne eigenartige

einem Römer geschrieben sein? Es liegt bisher kein vergleichbares literarisches Denkmal aus Rom vor. Die in Vulgärsprache abgefaßte Homilie adversus aleatores, welche Harnack dem römischen Bischof Victor I. zuschrieb, ist sicher nicht von diesem, überhaupt von keinem Römer geschrieben (vgl. Bardenhewer S. 181 und 182, Krüger S. 188). Wir wissen ganz genau, wie damals gebildete und weniger gebildete Römer schrieben; für jene sei an die vortrefflich geschriebenen Briefe Novatians erinnert (Epp. 30 und 36), für diese an den Brief der römischen Confessoren, der Presbyter Moyses und Maximus, des Nicostratus und Rufinus und der andern Confessoren (Ep. 31). Martin Schanz nennt mit Recht in dem Abschnitt seiner römischen Literaturgeschichte über Cyprian (München 1896, S. 323) ›das große Schreiben der römischen Confessoren Moyses und Maximus ein hohles, aufgedunsenes, widerwärtiges Produkt‹. Männer, die so schrieben, waren ohne feinere Bildung, ebenso wie Celerinus; aber sie schrieben ein ganz anderes Latein als dieser, nicht die (afrikanische) Vulgärsprache. Dafür ist der cod. *T*, der auch diesen Brief enthält, der unanfechtbare Zeuge; in Ep. 31 tritt uns eine schwülstige, aber nicht die vulgäre Sprache entgegen. Wenn denn weder gebildete noch ungebildete Römer die Ep. 8 geschrieben haben, wer hat sie dann verfaßt? Doch wohl ein Mann, der mit den Verfassern der andern vulgären Briefe die Heimat teilte.

Es kommt als drittes Zeugnis die inhaltliche Verwandtschaft zwischen Ep. 8 und 21 in Betracht. Hier muß auf einen Punkt aufmerksam gemacht werden, der bisher noch nicht gebührend in die Erörterung gezogen worden ist: die durchgängige Abhängigkeit von den Anschauungen des Hirten des Hermas. Ein Mann, der mit dem tiefen Bußernste des ›Hirten‹ dessen Ueberzeugung von der Vergebbarkeit auch der schwersten Sünde, des Abfalls vom Glauben, verband, hat beide Briefe geschrieben. Der Eifer, mit welchem den *praepositi* und *pastores* die Pflicht ans Herz gelegt wird, die der Buße Bedürftigen zur Buße zu rufen, ist entzündet an den Bußmahnungen des Hirten; man kann die Verwandtschaft bis in einzelne Wendungen hinein verfolgen. Was von der Gemeinde gilt: *ecclesia stat fortiter in fide* (II. 487, 7, vgl. ἰσχυρῶς ἕστηκεν [ἡ ἐκ-κλησία] Vis. III 13, 3; 12, 2 u. a.), das soll von allen einzelnen Gliedern gelten und dazu sind sie zu ermahnen: *stare in fide im-*

Wendungen hinein verfolgen; vgl. z. B. *ecclesia .. excubat pro omnes* Ep. 8 (II. 488, 12) mit: *pro quarum peccatum, quia nos fratres habent, debeamus ex-cubare* Ep. 21 (II. 531, 2); nach dem Zeugnis des cod. *T* steht *pro* beidemal mit Accus. — Novatian hat den Ausdruck in klassischer Form angewendet: *omnes nos decet pro corpore totius ecclesiae . excubare* (Ep. 36, 4 — II. 575, 20).

mobiles, stare in fide, ut stent fortes et immobiles in fide (H. 486, 22;
487, 5; 488, 17); vgl. ἰσχυροὶ ἐν τῇ πίστει Vis. III 5, 5, Mand. XI
4 u. a. Wenn die Brüder nicht ermahnt werden, besteht die Gefahr des Abfalls: *ne praeceps euntes ad idolatria funditus eradi-
cetur fraternitas* (H. 486, 23); so stehen Mand. XI 4 den ἰσχυροί
die δίψυχοι . . . εἰδωλολατροῦντες gegenüber und Mand. IX 9
heißt es: ἡ διψυχία πολλοὺς ἐκρίζοῖ ἀπὸ τῆς πίστεως. Es sind
die gleichen Gedankengänge und Wendungen. Der ›Hirte‹ wird
nicht eigens citiert (wie adversus aleatores c. 2); aber die War-
nung vor dem Gerichte über die Hirten, *si neglegentes inveniu-
mur* (H. 486, 7), erinnert doch deutlich an den dort citierten Aus-
spruch aus Similit. IX 31, 5: *si ipsi pastores neglegentes reperti
fuerint*. Vollends der Schluß des Briefes mit dem lebhaften
Wunsch möglichster Verbreitung des Mahnschreibens hat sein direk-
tes Vorbild an Vis. II 4, 3. Auf die Ueberordnung der *confessores*
über die *presbyteri* (H. 488, 10 = Vis. III 1, 8) ist oben schon hingewiesen. Die gleiche Abhängigkeit vom ›Hirten des Hermas‹ findet
nun auch in Ep. 21 statt. Auch hier muß auf einzelne Ausdrücke ein-
gegangen werden. Celerinus bestellt einen Gruß von Saturninus, *qui et
ipse luctatus est cum diabolo* (H. 532, 17); das gehört aber Simil. VIII 3, 6
zur Charakteristik der Gekrönten: *luctati sunt cum diabolo et vice-
runt eum (potest autem diabolus luctari, sed vincere non potest* Mand.
XII 5, 2). Auch Celerinus hat gleich am Beginn der Verfolgung mit
dem Teufel gerungen und ihn überwältigt. Das hat später Cyprian
in breiter Ausführung von Celerinus gerühmt (Ep. 39, 2 = H. 582, 10):
*Hic inter persecutionis initia ferventia cum ipso infestationis principe
et auctore congressus … vincendi ceteris viam fecit*. Es hat sich
daraus die (auch von K. Müller a. a. O. S. 18 vorgetragene) Legende
gebildet, Celerinus habe unter den Augen des Kaisers Decius selbst
bekannt. Man vergißt dabei völlig die transscendenten Anschauungen
der Märtyrergemeinde: Gott hat den Kampf verordnet, die Engel
schauen zu, den Teufel gilts zu überwinden. Ueberdies erinnert
Cyprian selber deutlich an Gen. 3, 15: *Calcatus (CLNQR*, vgl.
Testim. II 9; Hartel liest, wohl um jener Legende willen, mit dem
einzigen cod. *P*: galeatus) *serpens et oblritus et victus est*. Auf eben
denselben Gegner deuten die schon angeführten Worte des Bischofs
Cornelius: νενίκηκε τὸν ἀντικείμενον. Und endlich rühmt Lucianus
von Celerinus, er habe die große Schlange abgeschreckt und besiegt
(H. 533, 11: *ipsum anguem maiorem* [vulgär für *magnum*], *metatorem
Antichristi*); damit ist der Teufel bezeichnet[1]). Celerinus entstammte

---

1) Der Ausdruck weist hin auf Apoc. 12, 9: *serpens magnus antiquus*. Der
Comparativ *maior* entspricht dem Positiv μέγας, z. B. Barnab. cp. 4, 5 τρία τῶν

einer berühmten Märtyrerfamilie; was von seinen Verwandten galt: *dum diabolum Christi confessione prosternunt, palmas Domini ... meruerunt* (H. 583, 10), das bildete auch seinen Ruhm. Wie in diesem Falle die Vergleichung mit dem ›Hirten‹ auf die richtige Spur leitete, so finden wir bei ihm die Grundlage zu der merkwürdigen Bezeichnung in Ep. 21: *florida confessio* (H. 530, 3 und 532, 16) und *floridiorum ministerium* (H. 531, 8). Das ist ein ungewöhnlicher Ausdruck; die übliche Wendung war *gloriosa confessio* (z. B. H. 483, 4 u. a.); in dem zum Ueberdruß häufigen Gebrauch von *gloria, gloriosus, gloriose,* wie er etwa den Brief des Moyses und Maximus durchzieht (*gloriosas mortes, gloriosis laudibus, gloriosos triumphos* H. 558, 10. 11. 14 u. s. w.), kommt ein antik-römisches Moment zum Vorschein; das Strebeziel des *miles Romanus* ist auf den Märtyrer, den *miles Christi,* übertragen. Diese ganze Anschauung fehlt in Epp. 8 und 21; dafür ist in Ep. 21 von einem ›blühenden‹ Bekenntnis, vom Dienst der ›Blühenden‹ oder ›Blühenderen‹ die Rede. Der Ausdruck erklärt sich nicht durch den Hinweis auf Cyprians Ep. 10, wo gesagt wird, daß am Blumenschmuck der Märtyrer weder Lilien noch Rosen fehlen, und daß im himmlischen Lager sowohl der Friede als der Kampf seine Blumen hat, mit welchen der Streiter Christi seines Ruhmes wegen gekrönt wird (H. 495, 3—7). Der Nachdruck liegt hier auf in *caelestibus castris*; die Voraussetzung bildet *gloriosus martyrum sanguis — qui ... ad Dominum glorioso itinere venerunt* (H. 495, 1; 494, 17). Es gibt eine einzige vergleichbare Parallele: in der Homilie adversus aleatores ist c. 2, 6 von *vellera florida* die Rede, welche den von den Hirten wohlgepflegten geistlichen Schafen unter treuer Anwendung des göttlichen Heilmittels wachsen. Die gemeinsame Wurzel dieser eigentümlichen Verwendung von f l o r i d u s liegt im ›Hirten des Hermas‹. Im achten Gleichnisse erhält von dem anfänglich unter einer großen Weide versammelten Christenvolk jeder einen von der Weide abgeschnittenen Zweig; von dem Schicksal dieses Zweiges, ob er unversehrt bleibt, grünt und blüht, oder ob er verkommt und verdorrt, hängt es ab, ob der Inhaber des Zweiges zu Ehren angenommen wird oder der Zucht des Engels der Buße verfällt. Drei Klassen von Christen bestehen die Prüfung. Die unterste Klasse bilden die *modesti atque iusti* (Sim. VIII 3, 8), *qui ambulaverunt in sanctitate ante Dominum* (Vis. III 5, 3). Höher als diese, die ihren Zweig so zurückgegeben

μεγάλων κεράτων = *tria de maioribus cornibus* (Citat aus Dan. 7, 8) und Martyrium Polycarpi 8, 2 ὄντος σαββάτου μεγάλου = *maiori sabbato* (noch mehr Beispiele bei Ed. Wölfflin, lat. u. romanische Comparation, Erlangen 1879, S. 66)

haben, wie sie ihn empfingen, stehen die Christen mit grünenden,
blühenden Zweigen; sie haben außer dem Lob des guten Christen
den Ruhm des Bekenners; es sind Leute wie Lucianus, von dem
Celerinus beides rühmt, die *confessio florida* (H. 532, 16) und das
*sanctimonium, in quo semper cucurrit et exemplum sanctorum semper
et testis fuit* (532, 6) [1]). Am höchsten stehen diejenigen, deren Zweige
nicht nur grünten, sondern Fruchtansätze hatten; das sind die Märtyrer,
οἱ ὑπὲρ τοῦ νόμου παθόντες (Simit. VIII 3, 6). Celerinus nennt
diese *floridiores*, vorausgesetzt, daß der Comparativ hier seine Bedeutung bewahrt hat. Die Grenze zwischen der zweiten und dritten
Klasse wird auch im »Hirten« nicht immer scharf beobachtet, wie
denn in dem verwandten Gleichnis von dem Turmbau (Vis. III 5, 2)
die beiden Klassen in eine zusammengefaßt sind. Der eingeker-
kerte Confessor, der dem Hungertod entgegensieht, kann bereits als
Märtyrer bezeichnet werden (vgl. die Ausführungen K. Müllers
a. a. O. S. 7 Anm. 6).

Es dürfte bewiesen sein, daß die beiden Briefe Epp. 8 und 21
von einem Manne herrühren, der sich völlig in den Gedankenkreis
und die Anschauungsweise des »Hirten des Hermas« eingelebt hatte.
Solcher Leute gab es in der lateinischen Kirche des Abendlands um
die Mitte des dritten Jahrhunderts blutwenig; Tertullians Verdikt
wider den Hirten und die kirchliche Degradierung des Buches, wie
sie im muratorischen Kanon zu Tage tritt, hatten ihre Früchte ge-
tragen. Niemand aber lebte so in den Erinnerungen an das Buch
des Hermas — als »der aufgeregte Confessor Celerinus. Als ihn
(später) Cyprian in den Clerus einreihen wollte, weigerte er sich
zuerst, aber *ecclesiae ipsius admonitu et hortatu in visione per noctem
conpulsus est ne negaret* (Ep. 39, 1 = H. 582, 5). Im Traume war
ihm also die Kirche erschienen und ermahnte ihn. Dieser Traum
war aus den Visionen des Hermas geflossen« (so Harnack in den
Texten und Untersuchungen zur Geschichte der altchristl. Literatur,
V. Bd. Heft 1 S. 60 Anm.). Es ist nicht anzunehmen, daß Celerinus
schon in seiner afrikanischen Heimat solche Vertrautheit mit dem
Hirten gewonnen hatte; man sucht bekanntlich in den Schriften Cy-

---

1) Hartel erklärt im Index p. 451 *sanctimonium* = *martyrium* und führt
noch die Stelle Ep. 75, 12 (H. 818, 20) als Beleg an: *adesse praesentiam et sancti-
monia Christi.* So gibt Georges (7. Aufl.) zwei Bedeutungen an: 1) Heiligkeit
(Belegstelle bei Augustin), 2) das Märtyrertum (mit Berufung auf die zwei Cy-
prianstellen). Aber *sanctimonium* bedeutet auch hier nichts anderes als »Heiligkeit«, vgl. cod. *d* (Claromontanus Paris. nationalis 107, olim 2245) zu Hebr. 12, 14:
sanctimonium, sine quo nemo videbit Deum. Durch den Relativsatz (H. 532, 5
und 6; statt *in qua* ist *in quo* zu lesen) wird die Bedeutung festgestellt.

prians vergebens eine Spur des Buches. Ebensowenig kann man
in der Antwort des Lucianus auf den Brief des Celerinus (Ep.
22) Anklänge an den Hirten entdecken; die dem Märtyrertode nahen
Confessoren werden nicht als *floridi* oder *floridiores*, sondern als *in
ipsam claritatem* constituti bezeichnet (H. 534, 15). Aber Novatian
berief sich in seiner Schrift de trinitate c. 2 (Migne, patres latini, III
p. 889) mit einem *legimus* (*hunc enim legimus omnia continere* etc.) auf
den bekannten Anfang von Mand. I (vgl. Th. Zahn, Geschichte des N. T.
Kanons, I S. 346). Von Novatian kann Celerinus, der Freund und
spätere Anhänger des hervorragenden Mannes, in diese Schrift ein-
geführt worden sein — und er wurde ganz Feuer und Flamme für
den ›Hirten‹. Er schrieb hinfort nichts, was nicht den Stempel des
›Hirten‹ trüge. Eine einzigartige Erscheinung in jener Zeit! Ein
seltenes Band schließt Epp. 8 und 21 zur Einheit zusammen. Das
dritte Glied im Bunde, das bei näherer Prüfung deutliche Berührungen
mit den beiden Briefen zeigt, ist die Homilie adversus aleatores, über deren Verfasser man immer noch nicht im reinen ist.
Krüger gibt zu, daß die Schrift eine P r e d i g t gegen das Würfel-
spiel ist (S. 188). Dann ist sie aber nicht von einem Bischof, sondern von einem für starke Ausdrücke eingenommenen Presbyter vor
der Gemeinde gehalten. Der Prediger schließt sich im Beginn der
Rede mit den Mitpresbytern zusammen, welche in der Pflicht der
Fürsorge für die Gemeinde Nachfolger des Apostelcollegiums sind,
und ordnet sie und sich dem *superior noster*, dem Bischofe, unter,
der den stellvertretenden Sitz des Herrn einnimmt. Den eingehen-
den Nachweis für diese Deutung, den ich im Theol. Literaturblatt
1889 Nr. 25 gegeben habe, halte ich aufrecht. Die Frage, ob im
späteren Leben des Celerinus nach seinem Eintritt in den Clerus
zu Karthago eine zu der Predigt passende Lage angenommen werden darf, verlangt ebenso wie die Frage betreffs der Ueberlieferungsgeschichte der Homilie eine ausführlichere Beantwortung, als sie hier
gegeben werden kann.

Ich hätte diese Untersuchung nicht an dieser Stelle vorgetragen,
wenn sie nicht zu einem Ergebnis führte, welches das Dunkel über
eines der schwierigsten Probleme der Cyprianforschung aufzuhellen
im Stande ist. Die Ep. 8 verliert den Charakter der Zweideutig-
keit, der bisher als ein schweres Rätsel erschien. Wir gewinnen
unter Benutzung des geschichtlichen Stoffes der Epp. 8, 21 und 22
eine neue Gesamtauffassung, die wir noch mit kurzen Zügen zeichnen
wollen.

Das vielberufene Schreiben des römischen Clerus an den Clerus
zu Karthago, Ep. 8, hat eine deutlich erkennbare Vorgeschichte.

In ihrem Mittelpunkte stehen der hochangesehene Confessor Celerinus und zwei arme gefallene Christinnen, Numeria und Candida.
Je Größeres Celerinus selbst erfahren (er hatte am Beginn der Verfolgung in schwerer Kerkerhaft alle seelischen Anfechtungen und
körperlichen Leiden standhaft überwunden), desto mehr glühte sein
an den ernsten Mahnungen des Hirten des Hermas entzündeter Eifer
für das Heil der Brüder, für die Rettung der Gefährdeten. Da
wurde er durch den Fall zweier ihm nahestehender Christinnen aus
der afrikanischen Heimat aufs tiefste erschüttert. Zwar die eine
hatte er durch warnenden Zuruf vor dem äußersten Schritt, vor der
Darbringung des Opfers, noch bewahrt; und doch konnte sich der
bischofslose Clerus in Rom, der sich eingehend mit der Sache be-
schäftigte, nicht entschließen, die Halb- und Ganzgefallene wieder
aufzunehmen; es blieb bei dem Spruche: *eas tantisper sic esse, donec
episcopus constituatur* (II. 531, 22). Celerinus konnte sich dabei nicht
beruhigen; er machte den Tag der Freude, das Osterfest[1]), zum Tag
der Buße in Sack und Asche und gelobte, in mitbüßender Trauer zu
verharren, bis die reumütigen Gefallenen Absolution gefunden hätten. Ein Weg der Hilfe bot sich dar — die Zuflucht zur Mutter-
gemeinde in Karthago; es galt, die Fürbitte der dortigen Confessoren und Märtyrer, die Celerinus großenteils persönlich kannte,
und die Zustimmung des Bischofs zum Friedensspruche zu gewinnen.
Da brachte der Subdiakon Crementius die niederschmetternde Nach-
richt, Cyprian habe sich der Verfolgung durch Flucht entzogen und
so durch eigene Wahl die karthagische Gemeinde in ein ähnliches
Provisorium des Zuwartens versetzt, in welchem die römische Gemeinde nach Gottes Rat seit dem Märtyrertod Fabians sich befand.
Jetzt schienen alle Wege versperrt zu sein; aber je unmöglicher
nunmehr die Hilfe erschien, desto mehr erwachten in dem ›aufge-
regten‹ Confessor der Mut und die Energie des Handelns. Sollten
um der Fahnenflucht eines Bischofs willen reumütige Sünder vergebens nach Vergebung schmachten? Nicht umsonst hatte Gott in
der schweren Verfolgungszeit seiner Kirche eine Wolke von Blut-
zeugen geschenkt, auf deren Fürbitte er hörte. So leitete Celerinus
eine Doppelaction ein, die zum Ziele führen mußte. Er schrieb
einen beweglichen Brief an den ›Herrn Bruder‹ Lucianus, schilderte
die traurige Lage der Gefallenen und nun Reumütigen, die den
Ernst ihrer Buße durch das Zeugnis ihrer Werke bewiesen, und

---

1) Der Brief Ep. 21 ist also nach dem 7. April 250 geschrieben. Der in
der Antwort Ep. 22 (H. 534,18) vorausgesetzte Märtyrertod des Mappalicus fiel
(nach dem Kalendarium Carthaginense) auf den 19. April, der Märtyrertod des
römischen Bischofs Fabianus schon vorher auf den 20. Januar.

warb um die kräftige Fürbitte der >Gekrönten<, zugleich im Namen
von 65 Confessoren, die von Karthago nach Rom gekommen waren,
und in deren Dienst die Büßerinnen sich verzehrten.   Celerinus
konnte sicher sein, daß Lucian seiner Bitte willfahrte und einen
Friedensbrief ausstellte.   Die schwerere Aufgabe war, den bischofs-
losen Clerus in Karthago zur Anerkennung eines solchen Briefes zu
gewinnen.   Es gab nur einen Weg: es kam darauf an, diesen Clerus
in seiner eigentümlichen Lage mit lebhaftem Bewußtsein seiner
Hirtenpflichten zu erfüllen und den glühenden Eifer suchender und
nachgehender Liebe in ihm zu entzünden, der dann nicht nur ein
paar Einzelnen, sondern der Gesamtheit zu gute kam.   Der römische
Clerus mußte für den Plan gewonnen werden, auf den Clerus in Karthago in diesem Sinne einzuwirken, — und diesmal, nachdem man vorher wohl mit schwerem Herzen die erste Bitte des Celerinus abge-
schlagen hatte, ließ man den Freund Novatians gewähren.   Man ge-
stattete dem feurigen Confessor, im Namen des Clerus nach Karthago
zu schreiben.   So entstand die Ep. 8, ein formloser, seinen Ursprung
verratender Brief (*litterae, in quibus nec quis scripserit* [so Baluzius mit
codd. *Io* und *MTJo*] *nec ad quos scriptum sit significanter expressum est*
— urteilte Cyprian H. 489, 12); kein ruhiges, in den offiziellen Formen
sich bewegendes Schreiben, wie die späteren, von Novatian verfaßten Briefe des Clerus an Cyprian (Epp. 30 u. 36), sondern der un-
gestüme Erguß eines tief ergriffenen Gemütes.   *Didicimus secessisse*
benedictum Papatem Cyprianum — das ist der Schmerz und die
Klage des Schreibers.   Wäre Cyprian an Ort und Stelle, bedurfte es
nicht dieses Umwegs.   Aber sein Entweichen — in solcher Zeit! —
soll und darf das Werk der Liebe nicht hindern.   >Ihr habt nun
Sorge zu tragen für die Gemeinde und müßt euch am meisten derer
annehmen, die am meisten der Fürsorge bedürfen<, so mahnt der
Brief den Clerus.   Der kasuelle Fall, der die ganze Action veran-
laßt hat, bleibt im Hintergrunde stehen (H. 487, 6 u. 15; vgl. 488, 1 u. 2).
Wenn der Clerus für das Ganze sorgt, hat auch der Einzelne davon
Gewinn.   Es müssen die allgemeinen Gesichtspunkte ihre Wirkung
thun; der Clerus muß sich dessen bewußt werden, welch weittragende,
über die Einzelgemeinde hinausgreifende Pflichten der Eifer für Gott
ihm auferlegt.   So klingen am Schluß des Briefes die höchsten Töne
an.   Einer für alle und alle für einen! >Die ganze Gemeinde wacht mit
höchster Sorge für alle, die den Namen des Herrn anrufen<.   Die
Zusammengehörigkeit und Solidarität der ganzen Christenheit weiß
der Schüler des >Hirten des Hermas< zu ergreifendem Ausdruck zu
bringen.   Man begreift, daß ein solcher Brief die Wirkung übte, die
er haben sollte.   Man versteht, daß karthagische Presbyter die kirch-

liche Gemeinschaft mit denen aufnahmen, die Lucians umfassender
Friedensbrief absolvierte. Man that den Schritt um so leichter und
lieber, als ja Lucian die kirchliche Form wahrte und dem Bischof
die letzte Entscheidung vorbehielt (Ep. 23 ; vgl. auch Ep. 22 c. 2,
H. 535, 7). Aber freilich — die Form war zur Formalität herab-
gesunken. Wie die Dinge lagen, schien der Bischof zum Jasagen
gezwungen zu sein. Eine Bewegung hob an, die zu schweren Ver-
wicklungen führte. Aber Celerinus hatte die Absicht seines energischen Vorgehens erreicht. Die Cooperation der Briefe, die der
Subdiakon Crementius nach Karthago gebracht hatte, war gelungen.
Numeria und Candida genossen den Frieden, den Lucians Brief er-
teilte. Die Christenheit ist e i n e Gemeinde. Wer einmal absolviert
war, trat wieder in die Gemeinschaft ein, mochte er sich nun in
Karthago oder in Rom befinden.

Es ist eine reizvolle Aufgabe, von dem nun gewonnenen Verständnis des Anfangs an die weitere Entwicklung zu zeichnen. Die
Aufgabe kann hier nicht gelöst werden. Zweierlei kam dem Cyprian
sehr zu statten. Einmal die Anhänglichkeit wenigstens der Majori-
tät des karthagischen Clerus, der ihn von allen Vorgängen im Lau-
fenden unterhielt und sogar den merkwürdigen Brief von Rom (mit
charakteristischen Randglossen verziert) ihm mitteilte. Sodann der
Umstand, daß die beginnende Verwicklung nicht in prinzipiellen
Differenzen ihren Grund hatte, sondern in einem rein kasuellen Anlaß wurzelte. Dadurch war von vornherein die Verständigung er-
leichtert. In einzelnen Personalfragen konnte man weitgehendes Entgegenkommen zeigen; das sieht man aus der Antwort Cyprians
(Ep. 25) auf die Anfrage des Caldonius (Ep. 24). Mit dem Anliegen
des Celerinus stand es im wesentlichen nicht anders als mit dem
des Caldonius. So hat denn Cyprian in dem beginnenden Conflict mit
meisterhafter Klugheit und Mäßigung die günstigen Momente der Lage
benutzt. Er brauchte, um Lucian in seine Schranken zu weisen, nicht
mit Celerinus zu brechen. Er lobt den einflußreichen Confessor, *quam
sit moderatus et cautus et humilitate ac timore sectae nostrae verecun-
dus* (H. 543, 8), und schiebt alle Schuld auf den Tölpel Lucian.
Bald lernte man auch in Rom über die ›Flucht‹ Cyprians anders
denken, der so kräftig von seinem Zufluchtsorte aus den Clerus und
die Gemeinde leitete. Und vor allem stellte sich heraus, daß über
die Behandlung der Gefallenen in Karthago und Rom prinzipielles
Einverständnis herrschte. In solcher Lage war nach Erledigung des
kasuellen Falles, der den Anstoß gegeben, die persönliche Verständigung leicht möglich. Die Ausführung im Einzelnen würde hier
zu weit führen. Es wird sich indes hiebei das gewonnene Verständ-

nis der Ep. 8 erst recht bewähren. Manche Folgerung wird freilich
hinwegfallen, die man bisher aus dem mißverstandenen Schreiben
gezogen hat.

Bevor wir von Cyprian Abschied nehmen, möge noch eine er-
freuliche Mittheilung hier stehen. In den Göttingischen gelehrten
Anzeigen 1871 Stück 14 forderte Paul de Lagarde in seiner bekannten Kritik der Cyprian-Ausgabe Hartels (vgl. auch Symmicta I p.
70) eine viel weitere Ausdehnung des Apparats und bemerkte dabei:
>Der Herausgeber scheint nur nach Einem von Goulart benutzten
codex cuiusdam episcopi Achonensis Verlangen zu tragen (p. LXXXIV):
ich habe zwar weder diesen Codex gesehen, noch die Ausgabe von
Goulart, welche Schönemann I 124 nur in der Barberinischen Bibliothek zu Rom vorhanden weiß: doch bin ich im stande, einiges Nähere über die von Goulart benutzte Handschrift beizubringen<. So
dankenswert nun die folgenden Mitteilungen und Hinweise auch sind,
so machen sie den Wunsch nach der Ausgabe Goularts doch erst
recht rege. Um sie einzusehen, braucht man nicht nach Rom zu
gehen. Durch einen seltsamen Zufall haben wir hier in Greifswald
nicht ein, sondern zwei Exemplare dieser Ausgabe — eines verbor-
gen und vergraben in der St. Nikolai-Kirchenbibliothek, ein zweites
zu jedermanns Benutzung stehend in der kgl. Universitätsbibliothek.
Der Titel des Foliobandes liest sich freilich zunächst so, daß man
nur eine *editio ultima prioribus emendatior* der Ausgabe des Jacob
Pamelius vor sich zu haben glaubt; Goularts Name steht nicht auf
dem Titel, und nur der Schluß des Titelblattes *Excudebat Ioannes
le Preux. MDXCIII* kündigt einen Genfer Druck an. Aber man
braucht nur ein Blatt umzuwenden, so stößt man auf Goularts eingehende Dedicationsepistel und findet darin den Satz: *Vir doctissimus
et frater* in *Domino charissimus, D. Ioannes Boraeus, Ecclesiae Lau-
sannensis minister, vetus manuscriptum exemplar Raimundi cuiusdam
Episcopi Achonensis, epistolas et tractatus D. Cypriani continens, mihi
liberaliter communicavit, et utendum fruendum dedit: quod cum excusis
editionibus contuli diligenter et varias quasdam lectiones collegi.* Man
findet denn nun auch durch den ganzen Band hindurch unter den
zahlreichen, meist theologischen Ausführungen des gelehrten Schülers
und Nachfolgers Bezas und energischen Anwaltes der Hugenotten
von Zeit zu Zeit die Bemerkung: *Sic habet meus codex* und steht
dann vor einer Variante des cod. Achonensis. Gerne würde ich nun
zu den oben besprochenen Epp. 8, 21 und 22 Varianten mitteilen; aber
auf S. 51 lesen wir in Bezug auf die letzten beiden Briefe: *In meo
codice ut et aliae quaedam a Pamelio in aliis Ms. repertae non extant*;
und das Gleiche wird auch von Ep. 8 gelten; wenigstens ist keine

einzige Variante angeführt. Es bestätigt sich hier das Gesetz der
Ueberlieferungsgeschichte, daß diese drei Stücke eng verschwistert
sind. Auch die Homilie adversus aleatores fehlte im cod. Achonensis. Von den Briefen findet man übrigens die hauptsächlich-
sten Varianten des cod. Ach. in der Ausgabe der Briefe Cyprians
des Altdorfer Theologen L. Fr. Reinhart (Altdorfi 1681) angegeben; ich ziehe es daher vor, die Varianten zu einem oder dem
anderen Tractate mitzuteilen, um einen vorläufigen Eindruck von
der Eigentümlichkeit des Codex zu vermitteln, dessen Verwertung
für die Textkritik Cyprians nun wohl bald einen jüngeren Gelehrten
reizen wird. Es verdienten freilich auch Goularts ausgedehnte Ex-
curse theologische Würdigung. Im berühmten vierten Kapitel der
Schrift ›de catholicae ecclesiae unitate‹ stimmt der Codex mit dem
gereinigten Text der Ausgabe Hartels überein (p. 212, 14— 213, 11).
Kleine Varianten sind: 213, 3 *quod fuit et Petrus A* (= Achonensis),
ebenso cod. *G* (Sangallensis 89, saec. IX). 213, 4 *ab unitate]* *ab uno A*
solus. 213, 4 *Christi* om. *AV*. Zu der Verteidigungsschrift der
Christen ›in schwungvoller Rede‹ (Krüger S. 178) ad Demetrianum
macht Goulart die Bemerkung (S. 331): *Stilus Cypriani est elaboratior
hoc libello: quaedam imitatus ex Tertull.* Die Lesarten des cod. *A*
bestätigen den Text der Ausgabe Hartels p. 356, 24; die Interpunc-
tion in p. 358, 15 (*meus codex . . . interpunctionem ubique diligenter
observat*); p. 359, 12 (*neque meus codex pronomen* vestri *adiecit*); Pamelius gibt an, daß vier Handschriften gegen den Text der Septuaginta lasen: ne misereatur vestri. Mit p. 359, 16 ist zu vergleichen:
*Meus codex legit: Ecce id ipsum quale est, unde vobiscum maxime
sermo est* etc. Statt flagitatis (p. 359, 24) *habet codex meus:* flagella-
tis. Der Text p. 362, 1 wird bestätigt: *Codex meus: Videbit* (Druckfehler für *videbis*) *sub manu nostra stare vinctos*; Manutius und Mo-
relius lasen: *in manu nostra.* Zu p. 362, 15 bemerkt Goulart: *Recte
M. S., ut et meus codex,* captivum corpus. P. 364, 5 las Manutius:
valitudine musitamus; '*Manutii lectionem meus codex sequitur*' (musitamus *WRMB* und nun auch *A*). P. 366, 19 bestätigt die Handschrift die Weglassung von *ignis.* Lehrreich ist folgende Variante,
die letzte für diesen Tractat. Die Stelle p. 366, 27 u. 367, 1—3 lautet: *Meus codex legit: Vadite, caedite et nolite misereri senioris aut
iuvenis: et virgines et mulieres et parvulos interficite, ut perdeleantur.*
Die Genetive *senioris aut iuvenis* standen ohne Zweifel in Cyprians
Bibel (Ezech. 9, 6); dafür zeugen hier die codd. *WB* und nun auch
A, ferner bei Anführung des Citates in den Testimonien (H. p. 90,
10) die codd. *LB.* Ob auch sonst der Text auf Grund des Achonensis verbessert werden kann, wird erst die zusammenhängende

Untersuchung lehren. Es fehlt der Handschrift nicht an singulären, sonst nirgends bezeugten Lesarten; z. B. finden wir auf S. 182 zu Ep. 63, 3 (H. 702, 16) die Bemerkung: *Codex meus legit: Invenimus enim et in Genesi circa Noe hoc idem sacramentum praecurrisse.* Das ist eine beachtenswerte Lesart statt *circa sacramentum Noe*, welche die Correctur *in Noe* (*Vr*) überflüssig macht; vgl. auch die Stellung in cod. *It*: *sacramentum circa Noe*. Doch es mögen der Beispiele hiermit genug sein.   _⏤ ⌡

In Bardenhewers Patrologie folgt auf Cyprian der Dichter Commodian, der jedenfalls nach Cyprian anzusetzen ist, weil er sich, wie schon erwähnt worden ist (S. 349), von dessen Testimoniensammlung abhängig erweist. Der nächste Paragraph (39) ist dann dem ältesten Exegeten der lateinischen Kirche, dem Bischof V i c t o r i n u s von Pettau, gewidmet (vgl. Krüger § 93). Bei ihm verweilen wir wieder. Es ist von ihm ein von Hieronymus überarbeiteter Commentar zur Apokalypse erhalten, mit dessen Bearbeitung für das Wiener Corpus der lateinischen Kirchenväter der Verf. dieser Abhandlung beschäftigt ist. Es hat sich inzwischen herausgestellt, daß der Text des Commentars am reinsten in einer jungen Handschrift vorliegt (Vat. Ottobonianus 3288 A, saec. XV). Diese Handschrift allein hat den echten Schlußabschnitt des Commentars, eine von chiliastischen Anschauungen getränkte Ausführung, aufbewahrt, indes, wie die vorläufige Veröffentlichung zeigt (Theol. Literaturblatt 1895 Nr. 17), in sehr verderbtem Text. Man möchte, bevor die letzte Hand an die neue Ausgabe gelegt wird, noch eine weitere, bessere Handschrift vergleichen können, und dieser Wunsch hat einige Aussicht auf Erfüllung, seitdem Kattenbusch in dankenswerter Weise auf die Verwandtschaft zwischen dem Glaubensbekenntnisse des Patricius, des Apostels der Iren (vgl. über ihn Bardenhewer S. 570—571), und der im Apokalypsecommentar des Victorinus vorkommenden Symbolform aufmerksam gemacht hat (Das apostolische Symbol, erster Band, Leipzig 1894, S. 188. 212 ff. 395 ff.). Kattenbusch konnte nach dem ihm vorliegenden Material die Frage nicht sicher entscheiden, ob Patricius den Victorinus unmittelbar benützt hat. Man muß, wie sich zeigen wird, die Frage bejahen, und eben darauf gründet sich die Hoffnung, es möchte in den reichen Handschriftenschätzen Englands eine auf einen uralten Codex zurückgehende, wenn auch selber vielleicht junge Victorinus-Handschrift sich finden. Für das Wiener Unternehmen sind direkt nur die älteren Handschriften untersucht worden; die Patristiker jenseits des Kanals sind hiermit freundlich ersucht, den Schreiber dieser Zeilen im Suchen nach einer Victorinus-Handschrift in irgend einer Bibliothek der drei Reiche zu unter-

stützen, die, auf den echten Victorinustext zurückgehend, dem Cod.
Ottob. ergänzend zur Seite tritt.

Für unseren Nachweis stellen wir die einander entsprechenden
Abschnitte bei Victorinus und Patricius neben einander. Ich be-
zeichne bei Victorinus die editio princeps (Paris 1543) mit *p*, die
Handschrift in der Bibliothek zu Troyes Nr. 895 mit *T*, und den
erwähnten Ottob. 3288 A, der den ursprünglichen Text am reinsten
bewahrt hat, mit *A*. Für Patricius benütze ich die Ausgabe in dem
Werke: Councils and Ecclesiastical Documents relating to Great Bri-
tain and Ireland, Vol. II P. 2, p. 297, Oxford 1878. Ebendort findet
man auf p. 296 die Angabe der benutzten Handschriften.

Victorinus   Patricius

Mensura autem fidei est (*A*, filii
Dei *Tp*) *mandatum Domini nostri,*
patrem confiteri omnipotentem, ut   . . . *confiteri mirabilia eius* . . .
didicimus (*A*, Dicimus *Tp* pro duo-   *quia non est alius Deus* . . . *prac-*
bus vocabulis) *et huius filium* (Do-   *ter Deum patrem ingenitum* . . .
minum nostrum Iesum *add. A*)   *omnia tenentem, ut dicimus, et hu-*
Christum ante originem saeculi spi-   *ius* (*codd. C F₁ F₃*) *filium Iesum*
ritaliter (*A*, spiritualem *Tp*) *apud*   *Christum* . . . *ante originem sae-*
patrem genitum, hominem factum   *culi spiritualiter apud patrem in-*
et morte devicta in caelis (*AT*, cae-   *enarrabiliter genitum* . . . *hominem*
los *p*) *cum corpore a patre recep-*   *factum* (*et*) *morte devicta in caelis*
tum, effudisse spiritum sanctum,   *ad patrem receptum* . . . *et effudit*
donum et pignus immortalitatis: *in vobis abunde spiritum sanctum,*
hunc per prophetas praedicatum,   *donum et pignus immortalitatis:*
hunc per legem conscriptum, hunc
per (*A*, esse *Tp*) *manum Dei et*
per (om. *Tp*) *verbum patris et con-*
ditorem orbis. Haec est arundo et
mensura fidei, ut nemo adoret (ad   *qui facit credentes ac oboedientes*
add. A) *aram sanctam, nisi qui*   *ut sint filii Dei et coheredes Christi,*
hanc fidem (haec *A* pro duobus vo-   *quem confitemur et adoramus, unum*
cabulis) *confitetur* (Dominum et   *Deum in trinitate sacri nominis.*
Christum eius *add. A*).

Zwei Beobachtungen stellen es fest, daß das Bekenntnis des Patricius unmittelbar von Victorinus abhängt. Die einführende Formel
ut didicimus, mit der auf eine tradierte Symbolform hingewiesen
wird, tritt bei Patricius genau an derselben Stelle auf, wie bei Victorinus: am Schluß des Bekenntnisses zum Vater, vor dem Uebergang zum Christusbekenntnisse. Die spätere Ueberlieferung hat in
beiden Texten das nicht mehr verstandene *didicimus* in *dicimus* ge-

ändert, vgl. einerseits Tp, andererseits die Handschriften der Confessio Patricii (e i n Codex, F_1, liest: *diximus*). Das zweite Merkmal ist die eigenartige Uebersetzung von κανὼν τῆς πίστεως mit *mensura fidei* (am Anfang und gegen den Schluß des Victorinus-Abschnittes). Die stehende Wendung war *regula fidei*, wohl auch *regula et forma* (τύπος), später *ordo ecclesiasticus, consuetudo ecclesiastica* u. s. w.   Die Uebersetzung *mensura* haftet an Apoc. 11, 1 (vgl. mit c. 21, 15 *habebat arundinem auream ad mensuram* afrikanische Bibel bei Primasius, *habebat mensuram arundineam auream* Vulg.) und an der Auslegung, welche Victorinus der Stelle gibt: *haec est arundo et mensura fidei.* Blättert man nun aber in der Confessio Patricii weiter, so stößt man (a. a. O. S. 300) auf den Satz: *In mensura itaque fidei Trinitatis oportet distinguere* etc.   So einfach diese Wendung sich erklärt, wenn man Bekanntschaft des Patricius mit dem Victorinus-Commentar annimmt, so unerklärlich bleibt der Ausdruck, wenn man von dieser Beziehung absieht. Im Verein mit der vorhin beobachteten Uebereinstimmung dürfte diese singuläre Formel die Abhängigkeit des Patricius von Victorinus beweisen — oder, wenn man die Echtheit der Confessio anzweifeln sollte (vgl. J. von Pflugk-Harttung, Die Schriften St. Patricks, Neue Heidelberger Jahrbücher, Bd. III (1893), S. 71 ff.) jedenfalls die Abhängigkeit des dann unbekannten Verfassers der Confessio S. Patricii. Wir können die Echtheitsfrage auf sich beruhen lassen. Bei erneuter Untersuchung wird auch die neu gewonnene Erkenntnis in Betracht zu ziehen sein, daß der Verfasser der Confessio den Victorinus-Commentar gekannt und benutzt hat. Es mag nun fraglich sein, ob dies von Patricius selbst ausgesagt werden kann; es mag die Confessio späteren Ursprungs sein — jedenfalls ist der Verfasser auf dem Boden der Inselreiche zu suchen. Nur darauf kommt es uns hier an. Man hat jenseits des Kanals frühzeitig den Victorinus gekannt. Möge die darauf gebaute Hoffnung, daß eine Handschrift der guten Sorte sich dort wird finden lassen, in baldige Erfüllung gehen! Den Prüfstein für jede Handschrift wird die Frage bilden, ob der echte chiliastische Schlußabschnitt des Commentars (Theol. Literaturblatt 1895 Nr. 17) in ihr enthalten ist.

Indem wir von Cyprian und Victorinus zu Augustin fortschreiten, kommen wir in ein Gebiet, das Krügers Grundriß nicht mehr beschreibt, so daß wir es hier mit Bardenhewer allein zu thun haben. Gerade die Teile seines Buches, die über die ersten drei Jahrhunderte hinausführen, (S. 216—620, also zwei Drittel des Werkes), sind doppelten Dankes wert. Es fehlt an zusammenfassenden Werken über das vierte bis siebente Jahrhundert. Um so dankbarer nimmt

man ein so gründlich gearbeitetes Buch, das so sorgfältig alle wich-
tigere Literatur verzeichnet, immer und immer wieder zur Hand.
Es steht zu erwarten, daß der Schlußteil der Geschichte der römischen
Literatur von Martin Schanz, dessen Werk durch eingehende Inhalts-
analysen und Charakteristiken sich auszeichnet, in seiner Weise und auf
seinem Gebiete ebenbürtig zur Seite tritt. Aber Bardenhewer führt
eben auch in die griechischen, syrischen und armenischen Schriftsteller
ein und verdient darum den vollen Dank aller, die einen kundigen
Führer durch ein so reiches und weites Gebiet zu schätzen wissen. Im
einzelnen ist freilich noch manches zu bessern. Es soll ein Zeichen
meines Dankes sein, wenn ich einen oder zwei Sätze aus dem über
A u g u s t i n u s Gesagten herausgreife und meine Bedenken geltend
mache. Wir lesen auf S. 459: »Augustinus konnte griechische Texte
lesen und verstehen, wenn auch nicht ohne Anstrengung und ohne
Zeitaufwand. Im allgemeinen bedient er sich einer lateinischen Bibelübersetzung, meist der seit alter Zeit in Afrika gebräuchlichen
(Itala), aber auch schon der von Hieronymus gefertigten (Vulgata)«.
In diesem Satz stecken zwei Irrtümer. Die seit alter Zeit (d. h. für
uns erkennbar seit Cyprian) in A f r i k a gebräuchliche Uebersetzung
hat niemals I t a l a geheißen und sollte nie so genannt werden. Die
Bibel Cyprians gebraucht nun aber Augustinus »meist« gerade
nicht; ein vor Augen liegendes Beispiel ist der Apokalypsetext Augustins in seinem Werk de civitate Dei, der sich von dem Texte
der alten afrikanischen Bibel erheblich unterscheidet (vgl. meine Ausgabe in Zahns Forschungen zur Gesch. des n.t. Kanons, IV S. 76 und
162). Ein verwandter Irrtum befindet sich auf S. 458. Hier wird
von Augustins Locutionum libri septem behauptet, die Schrift wolle
ungebräuchliche Ausdrücke oder Wendungen des l a t e i n i s c h e n
Bibeltextes erläutern. Es handelt sich vielmehr um die Eigentümlichkeiten (*idiomata*) des g r i e c h i s c h e n Bibeltextes. Doch dieser
Irrtum ist so eingerostet, daß er einer eingehenderen Widerlegung
bedarf. Weder der Herausgeber der Schrift im Wiener Corpus, Josef
Zycha (vol. XXVIII, Sectio III, pars II, p. 507—629), noch die schar-
fen Kritiker, die sein Editionsverfahren angegriffen haben, sind sich
darüber klar geworden, was eigentlich der Ausgangspunkt der jewei-
ligen Bemerkungen Augustins ist. Auch in Zychas »Bemerkungen
zur Italafrage« (Eranos Vindobonensis, Wien 1893, S. 177—184) ist,
so Richtiges dort zum Teil betont wird, der Kernpunkt der Frage
nicht getroffen.

Augustins Untersuchungen tragen die Ueberschrift: *Locutiones
scripturarum, quae videntur secundum proprietates (quae idiomata graece
vocantur) linguae hebraicae vel graecae* (Z. 507, 5). »Redewendungen

der Schriften, welche zu Tage treten gemäß den Eigentümlichkeiten (Idiomata) der hebräischen oder griechischen Sprache‹. Es war so uneben nicht, daß die Benediktiner in ihrer Ausgabe bei jeder Schrift Augustins den betreffenden Abschnitt seiner Retractationes voranstellten. Wir lesen dort (lib. II c. 54): ›Vieles ist in den heiligen Schriften dunkel, das deutlich wird, sobald man die Art der Rede erkennt. Deshalb muß man ein und dieselbe Redewendung da verstehen lernen, wo der Gedanke klar liegt, damit die gewonnene Erkenntnis auch an dunkeln Stellen zu statten komme und sie dem Verständnis des Lesers erschließe‹. Was erwartet man nach dieser Ankündigung? Einen Einblick in die Besonderheiten der griechischen und hebräischen Bibelsprache, den die Leser am raschesten gewinnen, wenn man ihnen das biblische Idiom in wortwörtlicher Uebersetzung vorführt. Als erstes Beispiel stehen da die Worte aus Gen. 1, 14: *Et dividant inter medium diei et inter medium noctis.* Kein Wort der Erklärung steht dabei, und es bedarf auch keines solchen. Nichts liegt ferner als die Annahme, als citiere hier Augustin eine bestimmte lateinische Uebersetzung oder, wie Zycha sich ausdrückt (a. a. O. S. 181), als bespreche er die einzelnen Stellen seiner Itala unter steter Vergleichung des griechischen Codex. Welchen lateinischen Text Augustin bei dieser Stelle der Auslegung zu grunde legte, wissen wir aus der Schrift de Genesi ad litteram (Z. 51, 11): *et ut dividant inter diem et noctem.* Aber es gab überhaupt keine lateinische Bibel, die so gelesen hätte, wie die wortwörtliche Uebersetzung lautet. Um so lehrreicher ist dies erste Beispiel an inhaltlich völlig klarer Stelle für die Erkenntnis der griechischen Redewendung: ἀνὰ μέσον τῆς ἡμέρας καὶ ἀνὰ μέσον τῆς νυκτός. Augustin gibt weiterhin noch mehr Beispiele, bis er zu Gen. 13, 7 (Z. 514, 11) bemerkt, er werde nun diese Wendung nicht mehr citieren: *ipsa* (d. h. ein und dieselbe) *est enim per omnia in graeca scriptura, ubi tale aliquid dicitur.* Vom griechischen Text geht er aus, oder wie er zu Josua 8, 18 (Z. 616, 13) mit deutlichen Worten sagt: *secundum Septuaginta interpretes . . ista tractamus.* Wie seltsam hat man diese Worte mißverstanden, wenn man ihnen den Sinn gab, als stünde da: *secundum Italam comparatam cum Septuaginta interpretibus*!

Sollte jemand noch zweifeln, so könnte ihn das vierte Beispiel, Gen. 2, 5 (Z. 507, 17), eines Besseren belehren: *Et homo non erat operari terram* (= καὶ ἄνθρωπος οὐκ ἦν ἐργάζεσθαι τὴν γῆν): *quod latini codices habent: qui operaretur terram.* Wenn Augustin mehrere lateinische Bibeln vergleicht, unterscheidet er *multi, nonnulli, plures, plurimi codices latini*; wenn er hier dagegen einfach von den latei-

nischen Codices redet, so stellt er die lateinische Bibel in Gegensatz
zu griechischen. Die Kraft des griechischen Infinitivs tritt hier zu
Tage an einer inhaltlich völlig klaren Stelle; dies Beispiel soll der
Leser lateinischer Bibeln im Gedächtnis behalten, um an dunkeln
Stellen seiner Bibel, wo ihm ein Infinitiv aufstößt, sich zu fragen,
ob nicht ein Gräcismus vorliege. So dienen die offenkundigen Gräcismen des LXX-Textes, welche Augustin vorführt, auch wo die
lateinischen Bibeln sie vermeiden, dazu, die versteckten Stellen zu
verstehen, an welchen der Gräcismus in der lateinischen Uebersetzung
nachklingt. Nun verstehen wir das zwölfte Beispiel, Gen. 4, 2 (Z. 509,
13): *Et adposuit parere fratrem eius Abel. locutio est frequens in
scripturis: adposuit dicere.* Merkte sich dies der Leser, so konnte
ihm eine Stelle wie Psalm 9, 39 (= 10, 18): *ut non apponat ultra
magnificare se homo super terram* keine Schwierigkeit bereiten; diese
Worte las man so bei Augustin (vgl. Lagarde, Probe einer neuen
Ausgabe der lat. Uebersetzungen des A. T., Göttingen 1885, S. 25).

Ueber das achte Beispiel ist im Literarischen Centralblatt 1894
S. 1146, 1518 u. 1520 ein heftiger Kampf geführt worden; keiner der
beiden Kämpfer hat das Richtige getroffen. Augustin übersetzt hier
Gen. 3, 1 (Z. 508, 11) mit den Worten: *Serpens erat prudentissimus
omnium bestiarum.* In diesen Worten liegt ein Gräcismus, der in
einen Teil der lateinischen Bibeln eingedrungen ist, wie der Zusatz
besagt: *quod multi latini habent.* Worin liegt der Gräcismus? Im
Gebrauch des Superlativs, wie denn bei Augustin selber an anderer
Stelle (Z. 332, 11) die Variante vorliegt: *prudentior* (cod. *S*) *omnium
bestiarum* oder auch *sapientior omnium bestiarum* (De Genesi contra
Manichaeos lib. 2 c. 2, Migne 34, 196 — ebenso Lucifer, Corpus
Script. Lat. vol. XIV p. 204, 10); in der Vulgata ist der Ausdruck
völlig geglättet und latinisiert: *callidior cunctis animantibus terrae.*
Es konnte scheinen, als ob der Unterschied von *prudentissimus* und
sapientissimus hier in Frage käme, aber Augustin wechselt ja selbst
zwischen beiden Worten, wenn er auch *prudentissimus* vorzieht (so in
der Schrift contra Gaudentium lib. I c. 5, Migne 43, 709); er sagt
ausdrücklich, daß man b e i d e Worte in übertragenem Sinn nehmen
müsse (Z. 335, 24: *translato enim verbo dictum est 'prudentissimus'
vel sicut plures latini codices habent 'sapientissimus', non proprio, quo
in bonum accipi sapientia solet* etc.). Nicht um den synonymen Unterschied von *prudens* und *sapiens* handelt es sich in den Locutiones,
sondern um Gräcismen. Zu völliger Bestätigung dient die weitere
Ausführung in der Schrift de Genesi ad litteram (Z. 336, 14 ff.); hier
treten den *multi latini*, welche *prudentissimus*, und den *plures latini*,
welche *sapientissimus* lesen, *plerique codices* zur Seite, in denen frei

nach dem Sinn, aber ad usum latinae locutionis mit Anwendung des deutlichen Wortes *astutus* übersetzt war: *astutior omnibus bestiis*. Diesem Sachverhalt entspricht die Bemerkung, welche Augustin an unserer Stelle zur Bezeichnung des Gräcismus beifügt: σοφώτατος *enim in graeco scriptum est, non* σοφώτερος. So wird zu lesen sein statt des korrupten Textes: *sofrotatos enim in graeco scriptum est, non sofotatos.* Die übliche Konjektur φρονιμώτατος (statt *sofrotatos*) ist ganz willkürlich; auch mit dem Vorschlage Sabatiers (Bibliorum sacrorum latinae versiones antiquae zu der Stelle), σωφρονέστατος für *sofrotatos* einzusetzen, vermag ich nichts anzufangen. Denn würde es so heißen, so wäre kein Gräcismus, keine *locutio* mehr vorhanden, sondern die *plures latini*, welche *sapientissimus* lasen, wären der nachlässigen Uebersetzung beschuldigt. Davon ist aber hier nicht die Rede, sondern von einem Gräcismus, der vorliegt, gleichviel ob die Uebersetzung *prudentissimus* oder *sapientissimus* lautete. Wir lernen übrigens aus der Stelle, daß in den LXX-Handschriften, welche den lateinischen Bibeln zu Grunde lagen, σοφώτατος stand und nicht φρονιμώτατος, wie unsere Handschriften einstimmig überliefern, von denen eine — merkwürdig genug — den anstößigen Superlativ vermeidet (φρονιμώτε[ρος] cod. D = Cottonianus Geneseos, nach Swetes Ausgabe). Sollte die lateinische Bibel auf die Lesarten dieser Handschrift Einfluß geübt haben?

Einen ähnlichen Fall griechischen Gebrauchs des Superlativs an Stelle des vom lateinischen Sprachgefühl geforderten Komparativs bespricht Augustin zu Deuteron. 24, 2. 3 (Z. 609, 12). Die Worte lauten: ›*Et abiens fuerit viro alteri et oderit eam vir novissimus.* Notandum ex duobus posteriorem novissimum dici: talis locutio est et in evangelio, quando quaeritur ex duobus fratribus, quis eorum fecerit voluntatem patris, et respondetur *novissimus*, cum duo fuerint‹. In der verglichenen Stelle Math. 21, 31 las Augustin ὁ ἔσχανος (vgl. den Apparat in Tischendorfs Octava maior); der im Superlativ liegende Gräcismus ist in die lateinischen Bibeln übergegangen.

Wenn man zu weiteren Beispielen übergeht, merkt man, daß Augustin die Abwechslung liebte. Er verfährt nicht immer in der geschilderten Weise, daß er einen Gräcismus durch wortwörtliche Uebersetzung in deutliches Licht stellt — er geht oft auch von den lateinischen Bibeln oder von einer Vergleichung mehrerer Uebersetzungsversuche aus, um dann den Gräcismus zu besprechen, den er hervorheben will. Aber immer hat er den praktischen Zweck vor Augen, auf Grundlage der LXX eine proprietas linguae graecae zu beleuchten. Hätte sich der Herausgeber diesen Sachverhalt klar gemacht, so hätte er uns freilich mit den Verschlimmbesserungen ver-

schont, die er an einigen Stellen vorgenommen hat. Ich will das
an dem auffallendsten Beispiele darthun. Zu Levit. 20, 17 lesen wir
in der Benedictiner-Ausgabe: *Quicumque acceperit sororem suam ex
patre suo aut ex matre sua et viderit turpitudinem eius et ipsa viderit
turpitudinem eius: turpitudinem sororis suae revelavit, peccatum suum accipient: peccatum posuit pro poena peccati*. Alles Gewicht ruht
auf dem Schlusse der Periode. Augustin gibt den LXX-Text, der ihm
vorlag, mit den Worten wieder: *peccatum suum accipient* (er las also
ἁμαρτίαν αὐτῶν κομιοῦνται, wie in der Textrevision Lucians stand —
Lagardes Ausgabe S. 114), findet in den Worten eine proprietas linguae graecae und stellt diese mit der Bemerkung fest, daß Sünde
hier für Sündenstrafe stehe. Weiter ist aus der Stelle nichts zu
entnehmen. Aber Zycha hält den ganzen Abschnitt für ein Stück
der ›Itala‹ Augustins, findet einen Paralleltext in den Quaestiones
de Levitico (Corp. Script. Lat. XXVIII, Sectio III, pars III, p. 299,
14 ff.) und konformiert nun in unzulässiger Weise die beiden Texte.
Aus den Quaestiones entnimmt er den Satz: *inproperium est; exter-
minabuntur in conspectu generis sui* und stellt ihn in die Locutiones
(p. 578, 25); diesen entlehnt er den Satz: *et ipsa viderit turpitudinem
eius* und verwendet ihn zur Ausbesserung der Quaestiones — und am
schlimmsten fährt dabei der Schlußsatz der Periode. Im lateinischen Bibeltext, dem Augustin in den Quaestiones folgte, standen die
Worte: *peccatum accipient*, welche dem gewöhnlichen LXX-Texte
(ἁμαρτίαν κομιοῦνται) entsprechen. Auf Grund dieses Textes schließt
der Herausgeber, sowohl dort (ein paar Zeilen später) wie hier das
charakteristische *suum* bei *peccatum* in Klammern, während eben die
Eigentümlichkeit des griechischen Textes, den Augustin las, darin
bestand, αὐτῶν hinzuzufügen, und Augustin durch seine Uebersetzung
auch diese Eigentümlichkeit vor Augen stellte.

Die ganze Frage, von der wir reden, dürfte spruchreif sein.
Ich stelle die Sätze fest: 1) Die Locutiones Augustins sind in allen
den Stellen, in denen eine proprietas linguae graecae zur Sprache
kommt, außerordentlich lehrreich für die Reconstruction des LXX-
Textes, den Augustin benutzte; er übersetzte wörtlich die betreffenden Stellen, um auf diese Weise die Gräcismen zu veranschaulichen.
2) Während diese Stellen für die Erkenntnis der lateinischen Bibeln,
die damals umliefen, direkt nichts austragen, sind dagegen hiefür
höchst bedeutungsvoll alle Citate Augustins aus den *quidam*, *multi*,
nonnulli, *plures*, *plurimi codices latini*. Die Citate sind mit den au-
ßerdem bekannten Texten zu vergleichen, und die Frage ist zu un-
tersuchen, ob bestimmte Gruppen (wie die altafrikanische Bibel Cyprians und die lateinische Bibel des Hieronymus) in erkennbarer Un-

terscheidung hervortreten oder von Augustin mit gleichmäßiger Einführung hervorgehoben werden.

Zum ersten Punkt noch eine Bemerkung. Es ist uns vorhin, zu Levit. 20, 17, eine deutliche Berührung des von Augustin übersetzten griechischen Textes mit der Textrevision Lucians entgegengetreten (vgl. über diese Bardenhewer S. 163 und 164, Krüger § 79). Diese Berührung kann durch eine Reihe von Beispielen belegt werden; auf einen Teil derselben hat Zycha aufmerksam gemacht (Eranos Vindobonensis, 1893, S. 182—184). Diese Beispiele lassen sich noch vermehren. An anderen Stellen jedoch vermeidet der Text Augustins die Eigentümlichkeit der Revision Lucians (z. B. Gen. 28, 4 bei den Worten Isaaks zu Jakob, wo der übliche Text lautet: $\varkappa\alpha\grave{\iota}\ \delta\dot{\omega}\eta\ \sigma o\iota$ $\tau\grave{\eta}\nu\ \varepsilon\dot{\upsilon}\lambda o\gamma\acute{\iota}\alpha\nu\ 'A\beta\varrho\alpha\grave{\alpha}\mu\ \tauo\tilde{\upsilon}\ \pi\alpha\tau\varrho\acute{o}\varsigma\ \sigma o\upsilon$ — so auch Augustin Z. 522, 17 — während Lucian liest: $\tauo\tilde{\upsilon}\ \pi\alpha\tau\varrho\acute{o}\varsigma\ \muo\upsilon$). Nicht selten trifft Augustins Text mit Besonderheiten des cod. Alexandrinus (*A*) und des cod. Ambrosianus (*F*) zusammen; z. B. Exod. 3, 12 in den Worten $\varepsilon\tilde{\iota}\pi\varepsilon\nu\ \delta\acute{\varepsilon}\cdot\acute{o}\tau\iota\ \check{\varepsilon}\sigma o\mu\alpha\iota\ \mu\varepsilon\tau\grave{\alpha}\ \sigma o\tilde{\upsilon}$ (unter Weglassung des Zusatzes nach $\delta\acute{\varepsilon}$: $\acute{o}\ \vartheta\varepsilon\grave{o}\varsigma\ M\omega\upsilon\sigma\varepsilon\tilde{\iota}\ \lambda\acute{\varepsilon}\gamma\omega\nu$) oder Deut. 6, 12 in Hinzufügung der Worte: »$\pi\lambda\alpha\tau\upsilon\nu\vartheta\tilde{\eta}\ \acute{\eta}\ \varkappa\alpha\varrho\delta\acute{\iota}\alpha\ \sigma o\upsilon\ \varkappa\alpha\acute{\iota}$« (vgl. Z. 542, 18 und 603, 26) oder Exod. 24, 10: $o\tilde{\upsilon}\ \varepsilon\dot{\iota}\sigma\tau\acute{\eta}\varkappa\varepsilon\iota\ \dot{\varepsilon}\varkappa\varepsilon\tilde{\iota}\ \acute{o}\ \vartheta\varepsilon\grave{o}\varsigma\ \tauo\tilde{\upsilon}\ 'I\sigma\varrho\alpha\acute{\eta}\lambda$ = *ubi steterat ibi deus Israhel* (Z. 561, 15). Augustin bemerkt hiezu: '*ubi steterat*' *posset sufficere, sed hebraicae dicuntur istae locutiones*. Wieder anderwärts berührt sich der codex graecus Augustins mit Lesarten des cod. Cottonianus (*D*), so an der Stelle Gen. 7, 4 $\dot{\alpha}\nu\dot{\alpha}\sigma\tau\alpha\sigma\iota\nu$ (Z. 510, 16; das Wort $\dot{\varepsilon}\xi\alpha\nu\dot{\alpha}\sigma\tau\alpha\sigma\iota\varsigma$, von dem ausdrücklich gesagt wird, daß es hier nicht stehe, bietet Lucian). Endlich treten singuläre Lesarten zu Tage, die wir aus keiner anderen Ueberlieferung kennen; so Gen. 3, 1 $\sigmao\varphi\dot{\omega}\tau\alpha\tauo\varsigma$ Wir erhalten die Vorstellung eines mannigfach gemischten Textes, dessen genauere Umrisse nur durch nähere Untersuchung gewonnen werden können.

Es bleibt noch zu erwähnen, daß Augustin Hebraismen nicht durch eigene Kenntnis der hebräischen Sprache, sondern durch Rückschlüsse oder Analogieschlüsse entdeckte. Wenn es Gen. 8, 9 heißt *et extendit manum suam*, während doch das einfache *manum* genügen würde, fügt er die Bemerkung hinzu: *locutio est, quam propterea hebraeam puto, quia et punicae linguae familiarissima est, in qua multa invenimus hebraeis verbis consonantia* (Z. 511, 26). Dadurch wird der Satz Bardenhewers bestätigt (S. 459): »Das Hebräische ist Augustinus fremd geblieben«.

Bei der Besprechung der Theologie Augustins überschreitet Bardenhewer das Gebiet der Patristik und greift in die Aufgabe der Dogmengeschichte und Symbolik über, wenn er die Behauptung aus-

spricht, die Reformatoren des sechszehnten Jahrhundert (sowie Bajus
und Jansenius) hätten für die Lehre, die natürlichen sittlichen Kräfte
seien im gefallenen Menschen erstorben oder erloschen, mit Vorliebe
(aber, wie dann zu zeigen versucht wird, mit Unrecht) die Autorität
Augustins angerufen (S. 468). Der Satz ist in einer neuen Auf-
lage zu streichen. Die Augsburger Konfession hat im achtzehnten
Artikel genau wie Augustin dem Menschen den freien Willen, ›äußer-
lich ehrbar zu leben und zu wählen unter den Dingen, so die Vernunft begreift‹ vorbehalten, ihm aber gleich jenem die Fähigkeit
abgesprochen, aus eigener Vernunft und Kraft zu Gott zu kommen
und ihm gefällig zu werden. Die Berufung auf Augustins ›ganzes
Buch de spiritu et littera‹ im zwanzigsten Artikel besteht vollkom-
men zu Recht, und auch die zum achtzehnten Artikel angezogene
Stelle aus dem dritten Buche Hypognosticon (von Marius Mercator?
B. S. 479) enthält echt augustinische Gedanken. Aber die ganze
Frage gehört nicht in das Gebiet der Patristik.

Augustin wirkt fort wie kein anderer unter den Kirchenvätern.
Seinen Spuren begegnet man auf Schritt und Tritt in der ganzen
späteren Bildung des Abendlandes, und zwar nicht nur in der reli-
giösen, sondern auch in der weltlichen Bildung. Ich will mit einem
merkwürdigen Beispiel schließen. Als Goethe die Materialien zu
seiner ›Geschichte der Farbenlehre‹ sammelte, trug er in seine
Collectaneen aus Augustin die Sätze ein: ›Wenn wir eine Zeit lang
irgend ein Licht anschauen und sodann die Augen schließen, so
schweben vor unserm Blick gewisse leuchtende Farben, die sich ver-
schiedentlich verändern und nach und nach weniger glänzen, bis sie
zuletzt gänzlich verschwinden. Diese können wir für das Ueberblei-
bende jener Form halten, welche in dem Sinn erregt ward, indem
wir das leuchtende Bild erblickten‹. (Vollständige Ausgabe letzter
Hand, 53. Bd., 1833, S. 109). Wo steht die Stelle? Eine Mittei-
lung Carl Weymans, die auf den Augustinkenner P. Odilo Rottmanner
zurückgeht, stellt fest, daß die Worte — ›dem nach Umfang wie nach
Inhalt hervorragendsten dogmatischen Werke Augustins‹ (B. S. 451),
den Büchern de trinitate, entnommen sind. Augustin bemüht sich
vom neunten bis fünfzehnten Buch, im inneren und äußeren Menschen Bilder der Dreieinigkeit aufzusuchen, und in diesem Zusammenhang, bei der Zerlegung des komplizierten Sehvorgangs in seine
Teile, bemerkt er (de trinitate lib. XI c. 2 § 4, in der Mauriner Ausgabe tom. VIII p. 902): ›Plerumque cum diuscule adtenderimus
quaeque luminaria et deinde oculos clauserimus, quasi versantur in
conspectu quidam lucidi colores varie sese commutantes et minus
minusque fulgentes, donec omnino desistant: quos intelligendum est

reliquias esse formae illius quae facta erat in sensu, cum corpus lucidum videretur<. Man mag das Weitere an Ort und Stelle nachlesen.

Greifswald.   Johannes Haußleiter.